Dieses Buch gehört:

_____

Alle Tipps und Informationen in diesem Buch
sind sorgfältig ausgewählt und geprüft.
Dennoch können weder Urheber noch Verlag
eine Garantie übernehmen. Eine Haftung
für Personen-, Sach- und Vermögensschäden
ist ausgeschlossen.

5 4 3 2 1   16 15 14 13 12
ISBN 978-3-649-60432-7
© 2012 Coppenrath Verlag GmbH & Co. KG, Münster
Alle Rechte vorbehalten, auch auszugsweise
Text: Bärbel Oftring
Fotos: siehe Fotonachweis auf Seite 108
Illustrationen: Yousun Koh
Grafische Gestaltung: Christine Freßmann
Konzept und Redaktion: Susanne Tommes
Printed in China
www.coppenrath.de

Bärbel Oftring

Fiese Viecher

Die **100** unheimlichsten Tiere der Welt

COPPENRATH

Bissig, ekelig, gefährlich!

Die Texas-Krötenechse spritzt Blut aus ihren Augen. Der Große Hammerhai hört jedes Herz in seiner Nähe schlagen. Die extrem giftige Brasilianische Wanderspinne beißt schmerzhaft zu. Und der Candiru-Fisch dringt in deine Harnröhre ein, wenn du im Amazonas beim Schwimmen Pipi machst ...

In diesem Buch lernst du die 100 unheimlichsten Tiere der Welt kennen. Einige sind sehr gefährlich – auch für Menschen. Andere erschrecken uns nur mit ihrem Aussehen oder verhalten sich so, dass uns ein kalter Schauer über den Rücken läuft. Wieder andere stinken – oder sehen einfach nur ekelig aus.

Aus menschlicher Sicht scheinen viele Tiere hinterhältig und bösartig zu sein. Doch das sind sie nicht. Alles, was sie tun, tun sie nur, um zu überleben und nicht Beute eines übermächtigen Feinds zu werden. Ihr einziges Ziel ist es, satt zu werden und sich zu vermehren, damit die Art erhalten bleibt.

Den meisten Tieren aus diesem Buch wirst du wahrscheinlich niemals begegnen, weil sie in fernen Ländern oder in der Tiefsee leben.

Einige kannst du jedoch an europäischen Küsten, im heimischen Wald und sogar bei dir zu Hause treffen.

Doch egal ob Wüstenlandschaft oder Wohnzimmertapete – hier findest du alles, was du wissen musst, um nicht in Gefahr zu geraten: spezielle Survival-Tipps für besondere Tierforscher.

Viel Spaß beim Lesen!

Aga-Kröte
Bufo marinus

Vermutlich verfluchen die Australier den Tag, an dem die ersten Aga-Kröten aus ihrer südamerikanischen Heimat in Australien ausgesetzt wurden. Dort sollten sie die Schädlinge in den Zuckerrohrplantagen auffressen – was sie niemals taten.

Gefahr

Dafür fressen sie alles, was in ihre hungrigen Mäuler passt. Und weil diese großen Kröten mehrmals im Jahr bis zu 35 000 Eier legen und für alle möglichen Feinde – Dingos, Schlangen, Greifvögel, Menschen – tödlich giftig sind, breiten sie sich immer weiter aus. Wenn sich eine Aga-Kröte bedroht fühlt, tritt das Gift an ihren Schultern aus.

Größe: bis zu 23 cm

Lebensraum: Mittel- und Südamerika, Australien, Japan, Karibik, Hawaii, einige pazifische Inseln

Gut zu wissen: Nicht anfassen! Hunde fernhalten! Apportieren in der Schnauze führt innerhalb von 15 Minuten zum Tod!

Anakonda

Eunectes murinus

Gefahr

Mit jedem Ausatmen ihrer Beute zieht die Anakonda ihre Schlingen enger, bis das Tier erstickt ist. Die Anakonda ist die größte Schlange der Erde. Sie kann auch Menschen töten.

Halb untergetaucht, lauert sie stundenlang im seichten Uferwasser auf ihre Beute: Wasserschweine, Weißwedelhirsche und Kaimane. Dabei ist die Anakonda bestens getarnt. Ist ein Beutetier nah genug, verbeißt sie sich blitzschnell darin und umschlingt es mit ihrem muskulösen Körper. Dann wird es mit dem Kopf voran als Ganzes verschlungen.

Größe: bis zu 6 m
Lebensraum: langsam fließende Flüsse, Seen und Sümpfe in Südamerika
Gut zu wissen: Nach einer gewaltigen Mahlzeit sind Anakondas für Wochen oder sogar Monate satt.

Anglerfisch

Antennarius commersonii

Kein anderer Fisch kann so schnell seine Beute einsaugen wie der Anglerfisch: In sechs Millisekunden öffnet er sein Maul und entwickelt dabei die Saugkraft eines Düsentriebwerks.

gruselig

Perfekt an seine Umgebung angepasst, wartet der Anglerfisch, bis ein ahnungsloses Fischlein in die Nähe seines Mauls kommt: Schnapp – und weg ist das Fischlein. Selbst Fische, Krebse und andere Beutetiere, die viel größer sind als der Anglerfisch, werden von ihm als Ganzes verschlungen. Auch Fische mit giftigen Stacheln machen ihm nichts aus.

Größe: bis zu 35 cm
Lebensraum: Korallenriffe
Gut zu wissen: Der Anglerfisch ist zu klein, um einem Menschen gefährlich zu werden.

Bandwurm

Cestoda

ekelig

Spaghetti mit Tomatensoße, Pizza und Schokolade schmecken nicht nur dir, sondern auch einigen Würmern, die sich im menschlichen Darm besonders wohl fühlen.

Es gibt eine ganze Gruppe von Würmern, die sich an das Leben im Nahrungsbrei angepasst haben: aie Bandwürmer. Den Menschen befallen gleich mehrere Arten: Der bis zu 12 m lange Fischbandwurm ist der längste, der etwas kürzere Rinderbandwurm der häufigste und der Schweinebandwurm der seltenste. Ihr Kopfabschnitt hat weder Augen, Mund noch Gehirn.

Größe: viele Meter lang

Lebensraum: Darm von Menschen und Säugetieren

Gut zu wissen: Bandwürmer gelangen über befallenes rohes Fleisch und rohen Fisch in den Körper, sodass man abmagern und krank werden kann. Bei uns wird Fleisch jedoch kontrolliert, sodass nur bandwurmlarvenfreies Fleisch in die Läden kommt.

Bettwanze

Cimex lectularius

Nachts krabbeln sie aus ihren Verstecken und machen sich auf die Suche nach schlafenden Menschen, Hunden und Katzen. Mit ihren Stechrüsseln saugen sie das Blut auf.

Zehn Minuten brauchen sie für eine Mahlzeit, bei der sie bis zu sieben Mal mehr Blut zu sich nehmen, als sie selbst wiegen. Damit auch andere Bettwanzen am großen Fressen teilnehmen können, verströmen Bettwanzen Duftstoffe. Auch bei Bedrohung, etwa wenn ein Kammerjäger Insekten tötende Mittel versprüht, warnen Bettwanzen ihre Artgenossen mit einem süßlichen Duft.

Größe: bis zu 6 mm
Lebensraum: Gebäude und Ställe auf der ganzen Erde
Gut zu wissen: Bettwanzen müssen von Profis bekämpft werden – schwierig, da sich die Tiere in engsten Spalten verbergen können!

Blaupunktrochen

Taeniura lymma

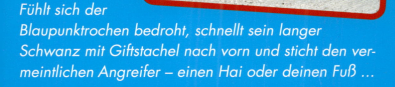

Fühlt sich der Blaupunktrochen bedroht, schnellt sein langer Schwanz mit Giftstachel nach vorn und sticht den vermeintlichen Angreifer – einen Hai oder deinen Fuß …

Meist siehst du nur die Augen des Blaupunktrochens. Sie gucken aus dem Sand oder Schlamm heraus, in dem das Tier gut versteckt den Tag verbringt. Erst bei Nacht wird der Blaupunktrochen aktiv und geht auf die Jagd nach Fischen, Krebs- und Weichtieren.

13

Größe: bis zu 70 cm
Lebensraum: Meeresgrund in Korallenriffen im Roten Meer und im tropischen Indopazifik
Gut zu wissen: Pass höllisch auf, wohin du trittst! Sehr giftig – kann tödlich sein. Nach einem Stich Stachel mit einer Pinzette entfernen, Wunde mit Wasser ausspülen und in heißes Wasser tauchen (zerstört Gift, lindert Schmerzen). Notarzt rufen!

Blauring-Krake

Hapalochlaena lunulata

Unter den Gifttieren sieht keines so putzig aus wie der kleine Blauring-Krake mit den lustigen blauen Kringeln. Doch sein Biss kann einen Menschen innerhalb von 15 Minuten töten!

Gefahr

14 Tückisch ist: Meist passen diese Kraken Farbe und Form ihres Körpers dem Untergrund an. Dann sieht man keine blauen Ringe – und ist nicht gewarnt! Hinzu kommt, dass man den Biss kaum bemerkt. Die winzige Wunde genügt jedoch, um den hochgiftigen Speichel des Kraken in den Körper gelangen zu lassen.

Größe: bis zu 5 cm plus bis zu 7 cm lange Arme
Lebensraum: Korallenriffe in Südostasien und Australien
Gut zu wissen: Dort, wo Blauring-Kraken leben, auf keinen Fall Kraken anfassen!

Blutegel

Haementeria ghilianii

ekelig

Der größte Blutegel der Welt lebt im Amazonas. Im seichten Wasser lauert er auf seine Beute. Auf dem Foto siehst du seinen kleinen Verwandten, den Medizinischen Blutegel.

Während der Medizinische Blutegel Menschen mit Krampfadern hilft, saugt sein riesiger Kollege das Blut großer Säugetiere, die er beim Wassertrinken befällt. Das Tier merkt meist nichts davon. Denn neben einem Gerinnungshemmer, der das Blut flüssig hält, spritzt der Riesenegel auch ein Betäubungsmittel in die Wunde. Das ist auch nötig: Immerhin saugt er bei einer Mahlzeit die vier- bis sechsfache Menge seines Körpergewichts.

Größe: bis zu 50 cm
Lebensraum: Riesenegel in Südamerika, kleinere Arten in Europa
Gut zu wissen: Nach einer Mahlzeit ist der Blutegel ein ganzes Jahr lang satt.

Bombardierkäfer

Brachininae

Kochend heiß und ätzend ist das Gasgemisch, mit dem der Bombardierkäfer seine Feinde, zum Beispiel Ameisen, auf der Stelle verbrüht. Hergestellt wird es in zwei Drüsen an seinem Hinterleib.

Bei Gefahr richtet der Bombardierkäfer den Ausgang dieser Drüsen auf den Angreifer. Dann schießt er den Chemikalienstrahl mit einem lauten Knall (auch für Menschen hörbar) in die gewünschte Richtung. Seine Feinde haben keine Chance. Denn der Bombardierkäfer kann den Strahl jederzeit umlenken.

Größe: bis zu 1 cm
Lebensraum: warme, trockene Gebiete auf der ganzen Erde, etwa trockene Felder und Weinberge mit kalkhaltigem Boden
Gut zu wissen: Das Gasgemisch des Käfers ist nicht stark genug, um Menschen ernsthaft zu verletzen.

Brasilianische Wanderspinne

Phoneutria nigriventer

Die großen Brasilianischen Wanderspinnen gehören zu den giftigsten Spinnen der Erde. Jedes Jahr werden viele Tausend Menschen von ihnen gebissen – oft mit tödlichem Ausgang durch Atemlähmung!

Gefahr

Brasilianische Wanderspinnen bauen keine Netze. Stattdessen jagen sie in rasantem Tempo am Erdboden Käfer, Schaben und andere Insekten. Die giftigen Spinnen dringen auch in Häuser ein und beißen bei Bedrohung sofort extrem schmerzhaft zu. Manchmal springen sie einen Menschen sogar an. Riskant: Oft werden sie mit der ungiftigen Vogelspinne verwechselt.

Größe: bis zu 5 cm plus ebenso lange Beine
Lebensraum: Regenwälder im tropischen und subtropischen Südamerika, auch in Bananenplantagen
Gut zu wissen: Reist manchmal mit exotischen Früchten um die Welt, wird darum auch Bananenspinne genannt. Nicht anfassen! Abstand halten! Nach einem Biss sofort den Notarzt rufen!

Bücherskorpion

Chelifer cancroides

Der kleine Bücherskorpion lebt in staubigen Büchern und unter lockerer Tapete. Dort geht er auf die Jagd nach Staubläusen und anderen winzigen Tieren, die er mit seinen giftigen Scheren ergreift und tötet.

ekelig

Anschließend beißt er ein Loch in den Körper des Tiers (manchmal sogar schon, wenn es noch zappelt), spritzt Verdauungssäfte hinein und saugt es dann wie mit einem Trinkhalm aus. Bücherskorpione besitzen auch Spinndrüsen am Kopf. Aus selbst gesponnener Spinnseide legen sie kleine Nester an. Darin ruhen sie sich aus, auch im Winter.

Größe: bis zu 4,5 mm

Lebensraum: auch unter der Rinde abgestorbener Kiefern, in Bienenstöcken und alten Vogelnestern

Gut zu wissen: Für Menschen harmlos.

Candiru
Vandellia cirrhosa

Gefahr

Der Candiru wird auch Penisfisch genannt, weil es passieren kann, dass er in menschliche Körperöffnungen kriecht, sich mit einem Stachel festhakt und Blut trinkt. Manchmal findet er nicht mehr den Weg hinaus …

Der kleine Fisch kann die aus den Kiemen großer Fische ein- und austretenden Wasserströmungen wahrnehmen und gelangt so in die Kiemenhöhlen. Dort hakt er sich fest, beißt zu und trinkt. Sobald er satt ist, löst er sich und verschwindet. Er spürt jedoch auch, wenn ein Mensch im Fluss Pipi macht, zum Beispiel beim Schwimmen. Wenn er in einem Penis stecken bleibt und stirbt, verursacht er schwere Entzündungen.

Größe: bis zu 15 cm
Lebensraum: Flüsse im nördlichen Südamerika
Gut zu wissen: Niemals in einem südamerikanischen Fluss Pipi machen! Steckt Candiru bereits – sofort zum Arzt!

Cymothoa-Isopode

Cymothoa exigua

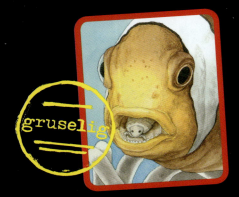

gruselig

Stell dir vor: Ein kleiner bleicher Krebs krabbelt in deinen Mund, frisst deine Zunge, setzt sich tief in deinem Rachen am Zungenrestchen fest und wird so zu deiner neuen Zunge ...

Genau das macht Cymothoa – jedoch nicht bei Menschen, sondern nur bei Roten Schnappern, einer Fischart. Interessanterweise ist dieser parasitische Isopode nicht nur ein Platzhalter für die weggefressene Zunge, sondern übernimmt auch ihre Aufgabe und hält gefangene Beute fest – natürlich auch aus Eigennutz, denn von der Beute des Fisches ernährt sich auch Cymothoa.

Größe: bis zu 4 cm

Lebensraum: östlicher Pazifik zwischen Ecuador und dem Golf von Kalifornien

Gut zu wissen: Gruselig, aber für Menschen harmlos! Da die Roten Schnapper begehrte Speisefische sind, kannst du Cymothoa vielleicht beim Kochen entdecken.

Dornkronen-Seestern

Acanthaster planci

Gefahr

Der Körper des Dornkronen-Seesterns ist dicht mit giftigen Stacheln besetzt, die mühelos Handschuhe und die Sohlen von festen Badeschuhen durchdringen. Stecken sie in der Haut, sind sie nur schwer wieder zu entfernen.

Alle paar Jahre überfallen Millionen Dornkronen-Seesterne ein Riff und zerstören es, indem sie die Korallentiere auffressen. Ein einziger Dornkronen-Seestern frisst in einem Jahr eine zimmergroße Riffläche leer. Kannst du dir vorstellen, welche riesigen Flächen Millionen Tiere verwüsten?

Größe: bis zu 50 cm
Lebensraum: Pazifik
Gut zu wissen: In flachen, seichten Riffen vor jedem Schritt den Grund mit einer Taucherbrille sichten, auch vor dem Springen aus einem Boot! Nicht anfassen! Nach Kontakt alle Stachelreste mit einer Pinzette entfernen oder von einem Arzt herausoperieren lassen!

Eichenprozessionsspinner

Thaumetopoea processionea

Eigentlich sehen die Raupen des Eichenprozessionsspinners, eines Falters, ganz hübsch, fast kuschelig aus. Doch Vorsicht! Die feinen Haare sind gefährlich!

Gefahr

Um das zu spüren, brauchst du die Raupen nicht einmal anzufassen: Ihre feinen Brennhaare brechen leicht ab und werden vom Wind umhergetragen. So gelangen sie auf die Haut und in die Lunge, wo sie zu heftigen Entzündungen führen. Seinen Namen bekam der Falter übrigens, weil die Raupen wie in einer Prozession eine lange Kette bilden: So wandern sie morgens zum Fressen zu einer Eiche, abends geht's zurück ins Nest.

Größe: bis zu 3,5 cm

Lebensraum: Eichenwälder in Süddeutschland und im Mittelmeerraum

Gut zu wissen: In manchen Jahren treten die Raupen massenhaft auf und werden dann sogar von Flugzeugen aus bekämpft. Freu dich über jeden Kuckuck: Er frisst auch behaarte Raupen, die die meisten Vögel meiden.

Eisbär

Ursus maritimus

Gefahr

Der Eisbär gehört zu den größten an Land lebenden Raubtieren der Erde. Er ist so stark, dass er eine 200 kg schwere Robbe mit nur einer Pranke aus dem Wasser ziehen kann!

Da sich das Klima immer weiter erwärmt und dadurch das Eis am Nordpol schmilzt, verliert der Eisbär nach und nach seinen Lebensraum. Um satt zu werden, muss er immer weitere Strecken zurücklegen. Kein Wunder, dass manche Eisbären in menschlichen Siedlungen nach Nahrung suchen!

Größe: bis zu 3,4 m
Lebensraum: Arktis, am Rand des Packeises
Gut zu wissen: Ein Angriff endet meist tödlich. Darum: Fernbleiben! Abhauen!

Fingertier
Daubentonia madagascariensis

Das selten gewordene Fingertier heißt so, weil es einen besonders langen, dünnen Mittelfinger hat. Außerdem unheimlich: seine riesigen Augen und seine nackten Ohren.

gruselig

Nachts geht das Fingertier auf die Jagd: Es erklimmt einen Baumstamm und klopft dabei rhythmisch die Rinde ab. Immer wieder hält es ein Ohr an den Stamm: Macht sich ein Käfer oder anderes kleines Tier bemerkbar, reißt das Fingertier zunächst das Holz mit seinen scharfen Schneidezähnen auf. Dann pult es die Beute mit dem dünnen Finger heraus. Ist die Jagd erfolglos, frisst das Fingertier Früchte, Nüsse, Blütennektar und Pilze.

Größe: bis zu 44 cm lang plus Schwanz (bis zu 60 cm)
Lebensraum: Wälder auf Madagaskar
Gut zu wissen: Das Fingertier sieht zwar unheimlich aus, ist aber völlig harmlos. Freu dich, wenn du diesem sehr seltenen Feuchtnasenaffen begegnest!

Floh

Ctenocephalides felis

(Gefahr)

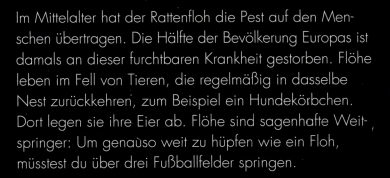

Flöhe saugen Blut von Säugetieren und Menschen. Der Blutverlust und die juckende Wunde nach einem Flohbiss sind nicht schlimm. Aber: Flöhe können gefährliche Krankheiten übertragen!

Im Mittelalter hat der Rattenfloh die Pest auf den Menschen übertragen. Die Hälfte der Bevölkerung Europas ist damals an dieser furchtbaren Krankheit gestorben. Flöhe leben im Fell von Tieren, die regelmäßig in dasselbe Nest zurückkehren, zum Beispiel ein Hundekörbchen. Dort legen sie ihre Eier ab. Flöhe sind sagenhafte Weitspringer: Um genauso weit zu hüpfen wie ein Floh, müsstest du über drei Fußballfelder springen.

Größe: bis zu 3 mm

Lebensraum: Fell heimischer Säugetiere

Gut zu wissen: Nach einem Flohbiss Stelle gut mit Wasser und Seife auswaschen, dann kühlen, um Juckreiz zu mindern. Nicht kratzen, die Stelle könnte sich entzünden.

Flusspferd

Hippopotamus amphibius

Flusspferde haben bis zu 30 cm lange, messerscharfe Stoßzähne. In Afrika gelten Flusspferde als die gefährlichsten Großtiere, die mehr Menschen töten als Löwen oder Leoparden. Flusspferde werden sogar mit einem Krokodil fertig!

Tagsüber halten sich Flusspferde im Wasser auf. Da sie schlechte Schwimmer sind, laufen sie lieber durchs Wasser. Bis zu 30 Minuten können sie tauchen. Erst wenn es dunkel wird, gehen sie an Land, um Gras zu fressen. Wenn Flusspferde rennen, können sie 50 km in der Stunde erreichen. Das ist so schnell, wie ein Auto in der Stadt fährt.

Größe: bis zu 5 m lang

Lebensraum: Seen und langsam fließende Flüsse mit Grasgebieten in Afrika südlich der Sahara

Gut zu wissen: Vor allem Muttertiere sind gefährlich. Wenn sie ihre Jungen für bedroht halten, können sie ganze Boote umwerfen. Schnaubende Warnrufe ernst nehmen!

Flussseeschwalbe

Sterna hirundo

Jeder, der sich dem Bodennest der Flussseeschwalbe nähert, wird sofort angegriffen. Immer wieder stoßen die Eltern in rasantem Sturzflug mit dem Schnabel voran auf den Eindringling herab. Dabei können sie schmerzhafte Wunden verursachen.

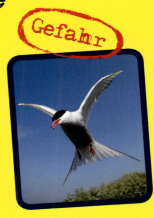

Gefahr

Flussseeschwalben brüten in großen Kolonien an der Nordseeküste. Aus dem Flug heraus können sie Fische fangen. Flussseeschwalben gehören zu den Vögeln, die die weitesten Wanderzüge unternehmen. In Australien wurde eine lebendige Flussseeschwalbe gefunden, die von Finnland nach Südafrika und weiter übers Meer nach Australien geflogen war.

Größe: bis zu 37 cm

Lebensraum: naturnahe, klare Seen und Flüsse sowie viele Küsten der Nordhalbkugel, auch an Nord- und Ostsee

Gut zu wissen: Bei einem Angriff einen Stock senkrecht über den eigenen Kopf halten! Denn die Vögel attackieren stets die höchste Stelle des Eindringlings.

Gabunviper

Bitis gabonica

Das Gift eines einzigen Bisses der Gabunviper reicht aus, um zehn Menschen zu töten. So viel Gift stellt keine andere Schlange her. Doch die Gabunviper hält noch mehr Rekorde.

Mit 10 kg ist sie die schwerste Giftschlange der Erde. Außerdem hat sie die längsten Zähne (bis zu 5 cm). Die meiste Zeit des Tages liegt die Gabunviper träge am Boden und wartet darauf, dass Frösche, Eidechsen, Nagetiere oder Vögel in ihre Nähe kommen. Um sie zu fangen, schnellt sie blitzschnell nach vorn und erreicht dabei eine Geschwindigkeit von bis zu 85 km pro Stunde (so schnell fahren Autos auf der Landstraße).

Größe: bis zu 2,2 m

Lebensraum: Wälder und Flussnähe in West- bis Ostafrika

Gut zu wissen: Die Gabunviper bläht sich bei Bedrohung auf und gibt ein lautes, tiefes Zischen von sich. Sofort abhauen!

Geierschildkröte

Macrochelys temminckii

Gefahr

Die Geierschildkröte ist sehr bissig. Wenn sie in Zoos gehalten wird, müssen die Tierpfleger gut aufpassen, damit sie nicht verletzt werden. Die Geierschildkröte ist die größte Süßwasserschildkröte der Erde.

Sie lebt am Gewässergrund. Dort lauert sie, mit Schlamm, Ästen und anderen Sachen bedeckt, auf Beute: Sie öffnet ihr Maul und bewegt dazu den rosafarbenen Zungenfortsatz. Fische halten ihn für einen Wurm und nähern sich ahnungslos dem Schildkrötenmaul. Dann schnappt die Geierschildkröte zu. So erbeutet sie auch Frösche, andere Schildkröten, Wasservögel und sogar Schlangen. Alle 40 bis 50 Minuten taucht die Schildkröte kurz an die Wasseroberfläche, um zu atmen.

Größe: bis zu 90 cm

Lebensraum: Mississippi und Nebenflüsse in den USA

Gut zu wissen: Die Geierschildkröte kann wegen ihres langen Halses weit nach hinten beißen.

Geografie-Kegelschnecke

Conus geographus

Gefahr

Schnecken, die mit Giftpfeilen schießen können? Ja, die gibt es. Sie heißen Kegelschnecken. Die giftigste von ihnen ist die Geografie-Kegelschnecke. Viele Menschen sind bereits durch ihr Gift gestorben.

Der Giftpfeil sitzt am Ende des Schlundrohrs, einer bis zu 2,5 cm langen rüsselförmigen ausstülpbaren Mundöffnung, und wird wie mit einer Harpune abgeschossen – nicht nur bei der Jagd, sondern auch, wenn sich die Schnecke bedroht fühlt. Dummerweise gräbt sich die Geografie-Kegelschnecke gern halb in den Sand ein. Tritt man auf sie, ist es schon passiert: Der Stich schmerzt heftig und kann in kurzer Zeit zum Tod führen.

Größe: bis zu 17 cm

Lebensraum: sandige Riffbereiche im Indopazifik

Gut zu wissen: Nichts im Riff anfassen! Nirgendwo hintreten! Lebende Kegelschnecken nicht anfassen!

Gila-Krustenechse

Heloderma suspectum

Mit ihrer auffallenden Körperfärbung warnt die grimmig dreinschauende Gila-Krustenechse andere Tiere – und auch uns Menschen: Neben dem Komodo-Waran ist sie die einzige Echse, die giftig beißen kann.

Gefahr

Ihr Gift ist für erwachsene Menschen nicht tödlich, aber sehr schmerzhaft. Es wird in Giftdrüsen produziert, die im Unterkiefer sitzen (bei den Schlangen befinden sie sich im Oberkiefer). In ihrem dicken Schwanz speichert die Echse Fett – als Vorrat für nahrungsarme Zeiten.

Größe: bis zu 50 cm

Lebensraum: Wüsten und Halbwüsten im Südwesten der USA und in Nordmexiko

Gut zu wissen: Die Krustenechse macht keine Jagd auf Menschen, sondern erbeutet Eier und junge Kleinsäuger.

Goldfliege

Lucilia caesar

Hübsch sehen sie ja aus, die goldgrün glänzenden Goldfliegen. Aber: Goldfliegen fressen Kot, verwesende Pilze und tote Tiere. Und auf der Suche nach weiterer Nahrung krabbeln sie anschließend über deinen Teller …

ekelig

Das hat einen guten Grund, denn Goldfliegen schmecken mit den Füßen. Ihre kleinen länglichen Eier legen sie in Kadaver (= tote Tiere) und in offene Wunden. Die Larven leben dann sofort nach dem Schlüpfen wie die Maden im Speck – sie ernähren sich von dem verwesenden und abgestorbenen Fleisch. Gezüchtete Goldfliegenlarven kommen in der Medizin zum Einsatz: Sie säubern schlecht heilende Wunden.

Größe: bis zu 1,2 cm
Lebensraum: überall in Europa und Asien, häufig in Siedlungen
Gut zu wissen: Unbedingt von Speisen und offenen Wunden vertreiben, da frei lebende Goldfliegen viele Krankheiten übertragen können.

Grizzly

Ursus arctos

Mit einem einzigen Prankenhieb kann der Grizzly, ein Braunbär, einen Menschen töten. Besonders gefährlich sind Grizzlys, wenn sie verletzt sind, Junge bei sich haben oder an Kadavern (= toten Tieren) fressen.

Wie andere Braunbären fressen Grizzlys nicht nur Fleisch, sondern auch Fisch, Früchte, Kräuter, Wurzeln und Pilze. Als Einzelgänger ziehen sie weit umher. Obwohl sie meist in gemütlichem Tempo unterwegs sind, können sie auf kurzen Strecken so schnell wie ein Pferd laufen. Im Spätsommer und Herbst fressen sich die Braunbären eine dicke Fettschicht an, danach halten sie in einer Höhle Winterruhe. Dort kommen auch die Jungen, meist Zwillinge, zur Welt.

Größe: bis zu 2,5 m

Lebensraum: Wälder und Tundra im westlichen und mittleren Nordamerika

Gut zu wissen: Halte mindestens 100 m Abstand, ziehe dich langsam zurück und mache den Bären dabei nicht auf dich aufmerksam!

Großer Bobbitwurm

Eunice aphroditois

Ein Regenwurm ist nichts gegen den meterlangen dicken Bobbitwurm. Der kann kräftig und schmerzhaft zubeißen. Tagsüber ruht er meist unter Steinen, im Sand oder in Fels- und Riffspalten.

Nachts geht er auf die Jagd. Dann versteckt er seinen Körper im weichen Untergrund. Nur der Kopf mit den weit geöffneten Kiefern schaut heraus. Mit den fünf ausgestreckten Kopftentakeln bemerkt der Wurm sofort jeden vorbeischwimmenden Fisch und packt mit seinen kräftigen Kiefern zu: Bis zu 15 cm große Fische erbeutet der räuberische Wurm auf diese Weise. Er zieht seine Beute in den weichen Boden und frisst sie dort auf.

Größe: bis zu 3 m
Lebensraum: Sandflächen in Korallenriffen in allen Meeren
Gut zu wissen: Tagsüber beim Umdrehen von Steinen am Grund aufpassen. Schwach giftig.

Großer Hammerhai

Sphyrna mokarran

Gefahr

Hammerhaie spüren jeden Herzschlag in ihrer Nähe. Du hast keine Chance, unbemerkt zu entkommen – erst recht nicht, wenn dein Herz panisch schlägt.

Wenn Hammerhaie auf die Jagd gehen, suchen sie den Meeresgrund wie mit einem Metalldetektor ab. In ihrer breiten Schnauze stecken Sinneszellen, die die winzigen Elektroströme von Nerven und Muskeln wahrnehmen. So spüren sie den Herzschlag jedes Fisches und Kalmars. Sogar Stechrochen und Plattfische, die sich im Meeresboden eingegraben haben, entgehen ihnen nicht.

Größe: bis zu 6,1 m

Lebensraum: alle tropischen und subtropischen Küstenmeere in Wassertiefen bis 80 m

Gut zu wissen: Bemerkst du einen Hai, stelle dich senkrecht im Wasser auf und bewege dich nicht. Wenn ein Hai um dich kreist, verfolge ihn mit deinen Augen.

Vorsicht, Hai!

Grottenolm

Proteus anguinus

Grottenolme sind seltsame Wesen: aalähnlich, blind, farblos, mit winzigen Stummelärmchen und -beinchen. So liegen sie in den dunklen Bächen und Seen unterirdischer Höhlen.

Mit ihrem Geruchs- und Vibrationssinn nehmen sie Flohkrebse und Würmer wahr, von denen sie sich ernähren. Grottenolme kommen jedoch auch jahrelang ohne Nahrung aus. Das Erstaunlichste: Grottenolme können über 100 Jahre alt werden – und sehen dann immer noch so aus wie die Larven anderer Schwanzlurche (Molche, Salamander). Trotzdem sind sie erwachsen, paaren sich und legen Eier. Dieses Phänomen nennen Biologen Neotenie.

Größe: bis zu 25 cm

Lebensraum: saubere Höhlengewässer und unterirdische Bäche an der Adriaküste

Gut zu wissen: Völlig harmlos!

Grüne Stinkwanze

ekelig

Palomena prasina

Hast du schon einmal eine frisch gepflückte Himbeere gegessen, die so widerlich geschmeckt hat, dass du sie sofort ausgespuckt hast? An dieser Himbeere hat zuvor eine Stinkwanze genascht.

Stinkwanzen saugen mit ihrem langen Saugrüssel gern an süßen Früchten, hinterlassen aber einen ekeligen Geschmack. Stinkwanzen können jedoch auch richtig schlimm stinken: Wenn sie sich bedroht fühlen, zum Beispiel wenn du sie gefangen hast, sondern sie eine stark stinkende Flüssigkeit ab, die auch noch gut haften bleibt. Manche Menschen bekommen einen Hautausschlag, wenn sie diese Flüssigkeit berühren.

Größe: bis zu 1,5 cm

Lebensraum: Waldränder und Wiesen in Europa

Gut zu wissen: Eine fliegende Stinkwanze erkennst du an ihrem lauten Brummen, das sofort aufhört, wenn sie gelandet ist. Im Frühjahr und Sommer sind Stinkwanzen leuchtend grün, im Herbst und Winter braun. Nicht anfassen!

Harpyie ~~Gefahr~~

Harpia harpyja

Die Harpyie ist der mächtigste, stärkste und aggressivste Greifvogel der Erde! Die Krallen an seinen kräftigen Fängen sind bis zu 12 cm lang und messerscharf.

Wie der Habicht gehört auch die angriffslustige Harpyie zu den schnellen, wendigen Überraschungsjägern. Sie erbeutet mit Leichtigkeit gleich schwere Affen, Faultiere, Nasenbären und Baumstachelschweine, die sie einfach von den Ästen reißt. Selbst im Geäst der Bäume erreichen Harpyien Geschwindigkeiten von bis zu 80 km pro Stunde. Ureinwohner verehren die Harpyien als einzigartige Jäger, weil sie auch dort Beute machen, wo Pfeile nicht hinkommen.

Größe: bis zu 1 m lang, Flügelspannweite bis zu 2,4 m
Lebensraum: tropische Urwälder in Mittel- und Südamerika
Gut zu wissen: Menschen passen nicht ins Beuteschema der Harpyie. Möglicherweise könnte sie aber Babys und kleine Kinder überwältigen.

Helmkasuar

Casuarius casuarius

Kasuare besitzen bis zu 12 cm lange dolchartige Krallen. Fühlen sie sich oder ihre Jungen bedroht, teilen sie kräftige Tritte aus, die tiefe Wunden verursachen können.

gruselig

Nach dem Afrikanischen Strauß und dem Emu ist der Helmkasuar der drittgrößte Vogel, der auf der Erde lebt. In unterholzreichen Wäldern geht er als Einzelgänger auf die Suche nach Früchten, Pilzen, Kleintieren und Eiern. In der Paarungszeit locken die Männchen die Weibchen mit dröhnenden Lauten an. Kasuare sind gewandt: Sie laufen bis zu 50 km pro Stunde schnell und springen bis zu 1,5 m hoch.

Größe: bis zu 1,7 m
Lebensraum: tropische Wälder Neuguineas und Nordostaustraliens
Gut zu wissen: Da, wo ihn Touristen füttern, wird er oft aggressiv fordernd. Vorsicht!

Hirschlausfliege

ekelig

Lipoptena cervi

Wenn du im Herbst durch einen Wald wanderst, kann es passieren, dass eine Hirschlausfliege auf dir landet, schmerzhaft zubeißt und dabei Krankheiten überträgt.

Eigentlich sind die Hirschlausfliegen auf der Suche nach Hirschen, Rehen, Dachsen oder Wildschweinen. Nachdem sie im Waldboden ihr Larvendasein beendet, sich verpuppt und zur Lausfliege entwickelt haben, verbringen sie den Rest ihres Lebens im Fell eines Säugetiers. Dort saugen sie immer wieder Blut. Und weil sie ihre Flügel dann nicht mehr brauchen, werfen sie sie einfach ab. Die Weibchen bringen Larven zur Welt, die beim nächsten Fellschütteln auf dem Waldboden landen.

Größe: bis zu 6 mm

Lebensraum: Wälder und Waldränder auf der ganzen Nordhalbkugel

Gut zu wissen: Wenn du eine Hirschlausfliege auf deiner Haut entdeckst, schnippe sie mit den Fingern weg. Hat sie dich gebissen und die Umgebung der Stichstelle wird rot – sofort zum Arzt!

Hyäne

Crocuta crocuta

Gefahr

Wer in Afrika unterwegs ist, sollte nicht im Freien schlafen. Denn es kann sein, dass er die Nacht nicht überlebt, weil er von Hyänen überfallen wird.

Doch nicht nur deshalb haben Hyänen einen schlechten Ruf. Sie sollen auch schon Vieh getötet und Friedhöfe verwüstet haben. Hyänen sind aber auch erfolgreiche Jäger. Im Rudel gelingt es ihnen sogar, Löwen, Geparden und anderen Raubtieren die Beute abzujagen. Anschließend ist ihr berühmtes „Lachen" zu hören. Zum Ausruhen legen sich die Hyänen in den Schatten von Gestrüpp. Ihre Jungen kommen in einem Bau unter der Erde zur Welt.

Größe: bis 1,6 m lang

Lebensraum: überall in Afrika südlich der Sahara, außer im Regenwald

Gut zu wissen: Wenn du das Lachen der Hyänen hörst, pass gut auf: Vielleicht ist ein hungriger Löwe in der Nähe.

Igelfisch

Diodon holocanthus

Wenn der putzige Igelfisch ins Maul eines Hais gerät, schluckt er Wasser, bis er so groß wie ein Basketball ist. Schon so mancher Hai ist an einem Igelfisch erstickt!

Gefahr

Dass sich hinter dem kompakt gebauten Fisch mit den großen Augen ein ziemlich gefährliches Wesen verbirgt, sieht man ihm nicht an. Aber: Igelfische können kräftig zubeißen, sind sehr giftig und haben wehrhafte Stacheln, die normalerweise dicht am Körper liegen. Fühlt sich der Igelfisch jedoch bedroht, pumpt er sich zu einer großen stacheligen Kugel auf. Auch Menschen wurden vom Igelfisch schon gestochen und gebissen.

Größe: bis zu 29 cm
Lebensraum: Lagunen und Korallenriffe der tropischen Meeresküste auf der ganzen Erde
Gut zu wissen: Wunden heilen schlecht und können sich entzünden. Igelfische auf keinen Fall ärgern oder erschrecken!

Japanische Riesenkrabbe

Macrocheira kaempferi

gruselig

Die Japanische Riesenkrabbe könnte einem Gruselfilm entsprungen sein: Ihre Beine sind mit bis zu 1,6 m wahrscheinlich länger, als du groß bist. Sie ist die größte Seespinne.

Mit ihren langen Beinen schreitet sie über den Meeresboden und sucht nach Nahrung. Das sind vor allem tote Tierkörper und Algen sowie Muscheln und Schnecken, deren harte Schalen sie mit ihren beiden Zangen öffnet, um an das weiche Innere zu gelangen. Die Japanische Riesenkrabbe ist auch der größte heute lebende Gliederfüßer. Zu dieser Tiergruppe gehören die Insekten, Hundertfüßer, Krebs- und Spinnentiere.

Größe: bis zu 3,7 m

Lebensraum: Küstengewässer rund um Japan in Tiefen von 50 bis 300 m

Gut zu wissen: Eigentlich harmlos, solange du nicht bei ihrem Anblick erschrickst (was sich auf Herz, Kreislauf und Atmung auswirkt).

Kaiserskorpion

Pandius imperator

Jedes Jahr sterben bis zu 5000 Menschen auf der Erde durch Skorpionstiche. Das Gift befindet sich in der Schwanzspitze der Tiere. Einer der größten Skorpione der Erde ist der Kaiserskorpion.

Während viele Skorpione in Wüsten leben, ist der Kaiserskorpion im afrikanischen Regenwald zu Hause. Dort setzt er den Giftstachel ein, um seine Beute zu betäuben und um sich zu verteidigen. Weil er so groß ist, sieht er besonders unheimlich aus. Doch sein Gift ist für Menschen ungefährlich. Und wenn er sich bedroht fühlt, greift er nicht an, sondern weicht zurück – es sei denn, du kommst seinem Versteck zu nah. Und das kann auch ein Stiefel sein …

Größe: bis zu 25 cm
Lebensraum: tropische Wälder in Zentral- und Westafrika
Gut zu wissen: Im Verbreitungsgebiet von Skorpionen stets Schuhe und Kleidung vor dem Anziehen ausschütteln!

Kakerlake

Blatta orientalis

ekelig

Kakerlaken gehören zu den schnellsten Insekten der Welt. In nur zwei Sekunden durchqueren sie eine Küche und verschwinden blitzschnell in einer dunklen Ecke.

Kein Wunder, dass du sie kaum zu Gesicht bekommst, obwohl sie überall da leben, wo Menschen wohnen – nur nicht am Nord- oder Südpol, da ist es ihnen zu kalt. Ihre Lieblingsspeise sind Küchenabfälle und Vorräte. Wenn du eine Kakerlake siehst, kannst du sicher sein, dass in der Nähe zehn weitere sind. Zum Glück sind Kakerlaken nur ekelig, Krankheiten übertragen sie selten. Ihre Eier kleben oft an Schuhsohlen, Taschenböden und anderen Gegenständen.

Größe: bis zu 3 cm

Lebensraum: bei uns nur in Gebäuden

Gut zu wissen: Niemals Kartons aus Lebensmittelläden mit ins Haus oder auf ein Schiff nehmen. Es könnten Kakerlaken-Eier in der Wellpappe kleben.

Kalifornischer Kondor

Gymnogyps californianus

gruselig

Der Kalifornische Kondor kreist stundenlang im Gleitflug am Himmel und hält nach toten Tieren Ausschau. Damit sein Gefieder nicht verschmutzt, wenn er die blutigen Gedärme frisst, sind Kopf und Hals kahl.

46

Der Kalifornische Kondor ist der größte Vogel Nordamerikas, der fliegen kann. Von 1987 bis 1992 war er in der freien Wildbahn ausgestorben. Doch seitdem wurden rund 200 in Zoos herangezogene Kondore ausgewildert. Weil seine Flügelspannweite von bis zu 3 m sehr groß ist, braucht der Kondor beim Starten günstige Aufwinde und kommt daher nur in den Bergen vor.

Größe: bis zu 1,3 m

Lebensraum: Rocky Mountains, Nordamerika

Gut zu wissen: Keine Gefahr für dich (solange du lebst). Beobachte die riesigen Vögel, wenn du Gelegenheit dazu hast.

Katholikenfrosch

ekelig

Notaden bennettii

Fühlt sich der Katholikenfrosch bedroht, scheidet er ein Sekret ab. Daran bleiben Angreifer, etwa Ameisen, kleben. Bei seiner nächsten Häutung in spätestens einer Woche frisst er sie mit seiner Haut auf.

Für einen Lurch lebt der Katholikenfrosch an einem ungewöhnlichen Ort: in trocken-heißen Flusstälern, die nur hin und wieder Wasser führen. Damit er während der ausgiebigen Dürreperioden nicht in der Sonne vertrocknet, gräbt er sich tief in den Erdboden ein. Dort wartet er auf den nächsten Regen. Seinen Namen verdankt der Katholikenfrosch übrigens dem schwarzen Kreuz auf seinem Rücken.

Größe: bis zu 7 cm
Lebensraum: Flusstäler im Osten Australiens
Gut zu wissen: Nicht anfassen, sonst bleibst du an der Froschhaut kleben!

Käuzchen

Strix aluco

In dunklen Herbst- und Winternächten erschallen die schaurigen „huhuuu"-Rufe des Käuzchens. Früher hielten die Menschen es für einen Todesvogel, der den nahen Tod eines Familienmitglieds verkündete.

Man glaubte, dass das Käuzchen Menschen ins Reich der Toten begleitet und seine Rufe „Komm mit! Komm mit!" bedeuten. Obwohl wir heute wissen, dass das nicht stimmt, läuft uns immer noch ein kalter Schauer über den Rücken, wenn wir die Rufe in einem spannenden Gruselfilm hören. Das „Käuzchen" ist eigentlich der Waldkauz, eine Eule. Im Winter ist Paarungszeit. Durch die schaurigen Rufe finden sich die Partner, die dann in einer Baumhöhle eine Familie gründen.

Größe: bis zu 42 cm

Lebensraum: Wälder, Parks, Alleen, Gärten, Friedhöfe mit altem Baumbestand, auch in Dünengebieten mit Kaninchenbauen

Gut zu wissen: Völlig harmlos! Wichtiger Mäusejäger!

Killerbiene

Apis mellifera x scutellata

Gefahr

Wo Killerbienen leben, bist du nicht sicher! Bei der geringsten Störung, etwa durch einen lauten Ruf, greifen die aggressiven Arbeiterinnen dieser Honigbienen-Unterart zu Tausenden an. 500 Stiche sind keine Seltenheit!

Vor über 50 Jahren versuchte ein Bienenzüchter in Südamerika, afrikanische und europäische Bienen miteinander zu kreuzen. Auf diese Weise wollte er eine Biene schaffen, die so viel Honig produziert wie die europäischen Bienen, aber mit dem heißen Klima in Südamerika zurechtkommt. Doch es entstanden Killerbienen, die sich explosionsartig vermehrten, verwilderten und heute auch den Süden der USA besiedeln.

Größe: bis zu 2 cm
Lebensraum: Südamerika, Mittelamerika und Südstaaten der USA
Gut zu wissen: Fernhalten! Schutzkleidung tragen! Fliehen hilft nicht, denn die Bienen verfolgen ihr Opfer hartnäckig viele Kilometer weit.

Kolosskalmar

Mesonychoteuthis hamiltoni

Mit seinem bis zu 4 m langen Körper und den bis zu 10 m langen Fangarmen ist der Kolosskalmar länger als ein Reisebus! Der torpedoförmige Jäger mit den fußballgroßen Augen ist in der dunklen Tiefsee unterwegs.

Mit seinem leuchtenden Körper hellt der Kolosskalmar seine Umgebung auf. So kann er mit seinen großen Augen besser nach Fischen und anderen Meeresbewohnern Ausschau halten. Hat er ein Tier entdeckt, ergreift er es mit seinen rasiermesserscharfen Hakenklauen an den beiden Fangtentakeln. Dann kommt der riesige papageienartige Schnabel zum Einsatz. Während der Kolosskalmar im Meer rund um die Antarktis lebt, bewohnen die etwas kleineren Riesenkalmare Meere auf der ganzen Erde.

Größe: bis zu 14 m
Lebensraum: Südpolarmeer rund um die Antarktis
Gut zu wissen: Kolosskalmare scheinen aggressive Jäger zu sein!

Komodo-Waran

Varanus komodoensis

Der Komodo-Waran sieht nicht nur gefährlich aus: Sein Biss ist tödlich – auch für Menschen.

Gefahr

Meist lauert der Komodo-Waran seiner Beute – Wildschweinen, Wasserbüffeln oder Hirschen – in einem Hinterhalt auf oder er überfällt sie im Schlaf. Ein einziger kräftiger Biss genügt – den Rest erledigen ein tödlicher Giftcocktail und Bakterien in seinem Speichel. Nach wenigen Minuten stirbt das Tier. Kann es fliehen, muss der Komodo-Waran nur der Blutspur folgen, an deren Ende er das tote Tier findet.

Größe: bis zu 3,1 m

Lebensraum: einige indonesische Inseln

Gut zu wissen: Der Komodo-Waran greift Menschen nur dann an, wenn er sich bedroht fühlt. Halte Abstand!

Kopflaus

Pediculus capitis

ekelig

Kopfläuse brauchen jeden Tag mindestens eine Blutmahlzeit. Dazu klettern sie an einem Haar herunter wie ein Koalabär an einem Baumstamm. Auf der Kopfhaut angekommen, saugen sie Blut.

Und weil diese Stelle juckt, kratzen sich befallene Menschen immer wieder am Kopf. Bei Kindergarten- und Grundschulkindern herrscht häufig Kopflaus-Alarm, weil sie beim Spielen und Lesen die Köpfe zusammenstecken. Dann wandern die Kopfläuse von einem Kopf zum anderen. Die Weibchen kitten ihre Eier (= Nissen) an einzelnen Haaren fest. Nach etwa einer Woche schlüpfen daraus die kleinen Kopflauslarven, die sich ebenfalls von Blut ernähren.

Größe: bis zu 3 mm

Lebensraum: nur in den Kopfhaaren von Menschen

Gut zu wissen: Zum Glück übertragen Kopfläuse keine Krankheiten. Bei Befall Kopflausshampoo und einen Nissenkamm benutzen, Kontakt mit anderen Köpfen vermeiden.

Kriegertermite

Macrotermes bellicosus

Kriegertermiten leben in bis zu 8 m hohen Burgen. Sie bestehen aus einer in der Sonne ausgehärteten Mischung aus Erde, Speichel und Kot. Wehe, wenn sich ein Feind diesem Bau nähert …

gruselig

Sofort greifen die Kiefersoldaten den Eindringling mit kräftigen Bissen an. Gleichzeitig setzen die Drüsensoldaten ein umfangreiches Arsenal an chemischen Waffen ein: Sie verspritzen lähmende Gifte oder töten den Feind mit einem giftigen Biss. Ein Kriegertermitenvolk besteht aus Arbeitern, Soldaten, Larven, Puppen und dem Königspaar – einem kleinen König und der übergroßen Königin (Bild), die täglich bis zu 43 000 Eier legt. Übrigens: In leere Termitenbaue ziehen gern Schlangen ein.

Größe: bis zu 2 cm

Lebensraum: Steppen und Savannen in Afrika südlich der Sahara

Gut zu wissen: Während sich die Kriegertermiten von selbst angebauten Pilzen ernähren, fressen die meisten anderen Arten Holz und können so Häuser zum Einstürzen bringen. Halte dich von einem Termitenbau fern und dulde keine Termiten im Haus!

Leistenkrokodil

Crocodylus porosus

Gefahr

Um ein Beutetier zu packen, schnellt das Leistenkrokodil meterhoch aus dem Wasser. Dann bricht es dem Tier die Knochen und ertränkt es. Es frisst Fische, Vögel, Säugetiere – und Menschen.

Träge an der Wasseroberfläche treibend, ist es immer wach und lauert auf Beute. Das Leistenkrokodil ist das größte Krokodil und gleichzeitig das größte Kriechtier (= Reptil) der Erde. Und es ist das einzige Krokodil, das sowohl im Salzwasser (Meer) als auch im Süßwasser (Flüsse, Seen) lebt. Jedes Jahr gibt es an Badestränden Angriffe von Leistenkrokodilen, die auch tödlich ausgehen.

Größe: bis zu 7 m
Lebensraum: Flüsse, Seen und die Meeresküste von Indien über Südostasien bis Australien
Gut zu wissen: Halte den größtmöglichen Abstand von diesem Krokodil! Bade nicht in Gewässern, in denen Leistenkrokodile leben! Bleib auch vom Ufer fern!

Maulwurfsgrille

Gryllotalpa gryllotalpa

Wenn du dir nach Einbruch der Dunkelheit mit einer Taschenlampe die Erde in einem Blumenbeet ansiehst, triffst du vielleicht auf eines der größten Insekten, die bei uns leben: die Maulwurfsgrille.

Mit ihren kurzen, breiten, gezähnten Vorderbeinen gräbt sich die dicke dunkle Heuschrecke durch den lockeren Boden – immer auf der Suche nach Nahrung, etwa Pflanzenwurzeln und Insektenlarven. Nachts krabbelt sie manchmal an die Erdoberfläche. Maulwurfsgrillen bauen Höhlen. Darin legen die Weibchen ihre Eier ab. Die Männchen nutzen die gute Akustik der Höhlen für ihre Gesänge, die bis zu 100 m weit zu hören sind.

Größe: bis zu 5 cm
Lebensraum: feuchte, lockere Böden, gern in Gewässernähe und Gärten in Europa, Nordafrika und Westasien
Gut zu wissen: Die Grille ist für den Menschen harmlos, kann aber bei Massenvorkommen Schäden in Gärten anrichten. Zum Fangen ein 10 cm hohes Glas ebenerdig eingraben.

Mördermuschel

Tridacna gigas

Über die Mördermuschel gibt es schreckliche Schauergeschichten: Mit ihren mächtigen Schalenhälften soll sie Taucher gefangen und eingeklemmt haben, sodass sie ertrunken sind!

In Wirklichkeit frisst die Mördermuschel jedoch keine großen Tiere oder Menschen, sondern nur winzige Teilchen, die im Wasser schweben. In ihrem Mantelsaum lebt außerdem eine spezielle Alge, die aus Wasser und Sonnenlicht Zucker herstellt und so die Muschel ernährt. Vor Tauchern muss sich die Mördermuschel eigentlich fürchten. Denn viele von ihnen töten die großen Muscheln, um die Schalenhälften als Weihwasserbecken oder Touristenmitbringsel zu verkaufen.

Größe: bis zu 1,5 m

Lebensraum: Korallenriffe und Lagunen im Indopazifik

Gut zu wissen: Halte beim Schnorcheln oder Tauchen Ausschau nach Mördermuscheln – sie sind nicht so leicht zu entdecken.

Mücke Gefahr

Anopheles

Hat dich schon einmal eine Mücke gestochen? Das hat bestimmt gejuckt – war aber nicht gefährlich. Anders in Afrika: Dort übertragen die Anopheles-Mücken die oft tödliche Malaria-Krankheit.

Wenn eine Anopheles-Mücke einen Menschen sticht, überträgt sie Plasmodien. Das sind Einzeller, die sich in den roten Blutkörperchen vermehren. In regelmäßigen Abständen platzen die roten Blutkörperchen und entlassen die neu gebildeten Plasmodien ins Blut. Darauf reagiert der Körper mit hohem Fieber. Solche Fieberschübe sind typisch für die Malaria. Wird ein Malaria-Kranker erneut gestochen, nimmt die Anopheles-Mücke mit dem Blut viele Plasmodien auf und überträgt sie an den nächsten Gestochenen.

Größe: bis zu 1 cm

Lebensraum: Afrika, südlich der Sahara

Gut zu wissen: Haut mit Stoff bedecken, offene Hautstellen mit Insektenabwehrmitteln einreiben! Bei Fieber sofort zum Arzt! Sogar noch Jahre nach einer Afrika-Reise an Malaria denken!

Nacktmull

Heterocephalus glaber

gruselig

Nacktmulle wohnen in unterirdischen Gängen, die sie mit ihren kräftigen Nagezähnen in den harten Wüstenboden beißen. Um ihre Nahrung, vor allem Pflanzenknollen, besser auszunutzen, fressen sie ihren Kot und verdauen so ein zweites Mal.

Nacktmulle sind merkwürdige Säugetiere: Wie Ameisen leben sie in großen Kolonien von bis zu 300 Tieren und haben eine Königin, die als Einzige Junge bekommt. Wie Frösche passen Nacktmulle ihre Körpertemperatur (in einem bestimmten Rahmen) der Außentemperatur an. Und noch etwas fällt auf: Nacktmulle empfinden keinen Schmerz und können genauso schnell rückwärts- wie vorwärtslaufen.

Größe: bis zu 15 cm
Lebensraum: Trockengebiete in Ostafrika
Gut zu wissen: Nacktmulle können schmerzhaft zubeißen.

Opossum
Didelphis virginiana

ekelig

Wenn sich das Opossum erschrickt, stellt es sich viele Stunden lang tot. Nicht anfassen! Es kann schmerzhaft beißen und eine übel riechende Flüssigkeit absondern.

Das Opossum ist eine Beutelratte. Das heißt: Die winzigen Jungen wachsen im mütterlichen Beutel heran. Wenn sie groß genug sind, verlassen sie den Beutel und reiten noch eine Weile auf dem Rücken der Mutter. Die Tiere können gut schwimmen und dank ihres langen Greifschwanzes hervorragend klettern. Dennoch gehen sie meist am Boden auf Nahrungssuche. Sie fressen Früchte, Körner, kleine und tote Tiere, Eier und Abfälle.

Größe: bis zu 50 cm

Lebensraum: Wälder und Buschland von Südkanada bis Costa Rica, auch in Parks und Städten

Gut zu wissen: Wenn du ein Opossum beobachten willst, wartest du am besten die Dunkelheit ab. Denn es ist nachtaktiv.

Orca

Orcinus orca

Gefahr

Orcas (Schwertwale) sind gefürchtete Jäger. Sie nehmen es sogar mit riesigen Blauwalen und gefährlichen Weißen Haien auf – erfolgreich, versteht sich.

Orcas, die zu den Delfinen gehören, jagen in kleinen Gruppen. Sie schnellen über Eisschollen und wuchten sich auf Strände, um Seelöwen und -bären zu erbeuten. Kein Wunder, dass Robben, Walrösser und andere Beutetiere regelrecht in Panik geraten, wenn eine Gruppe Orcas auftaucht! Bei ihren Jagdzügen erreichen sie Geschwindigkeiten von 45 km pro Stunde, tauchen bis zu 15 Minuten lang und in Tiefen von bis zu 1000 m. Nach erfolgreicher Jagd teilen sich Orcas ihre Beute.

Größe: bis zu 9,75 m

Lebensraum: alle Meere der Erde

Gut zu wissen: Bei einem Angriff im Wasser haben Menschen keine Chance. Immer wieder sterben Orca-Trainer in Freizeitparks.

Palmendieb (Gefahr)

Birgus latro

Gibt es einen Krebs, der eine Palme hinaufklettert, um Kokosnüsse zu fressen? Ja! Der Palmendieb mag jedoch auch giftige Pflanzen. Und wenn er anschließend auf deinem Teller landet, kann die Mahlzeit tödlich sein.

Der Palmendieb ist das größte an Land lebende Krebstier der Erde. Die erwachsenen Tiere können nicht schwimmen und auch nicht im Wasser atmen. Bei Einbruch der Dunkelheit verlässt der Palmendieb sein unter Wurzeln oder in Bodenhöhlen liegendes Versteck. Dann wandert er auf der Suche nach Nahrung umher. Besonders gut schmecken ihm Feigen, Kokosnüsse sowie die Früchte von Arengapalmen und Schraubenbäumen. Mit seinen kräftigen Scheren öffnet er junge Kokosnüsse und schlabbert das Fruchtfleisch heraus.

Größe: bis zu 40 cm
Lebensraum: von Madagaskar im Indischen Ozean bis zu den Inseln im westlichen Pazifik
Gut zu wissen: Wenn er sich bedroht fühlt, können seine starken Scheren Finger und Hände ernsthaft verletzen. Also Abstand halten!

Piranha (Gefahr)
Pygocentrus nattereri

Piranhas sind nicht besonders groß. Doch ihre Zähne sind messerscharf. Und wenn 30 Piranhas gemeinsam auf die Jagd gehen, fressen sie in Windeseile große Säugetiere auf, die gerade im Wasser schwimmen.

Zwischen dichten Wasserpflanzen lauern Piranhas auf Beute. Nähert sich ein Fisch, Krebs oder anderes Beutetier, lassen sie es zunächst vorbeischwimmen – und dann überfallen sie es von hinten. Auf diese Weise können Piranhas auch Anakondas und Pferde töten! Meist erbeuten sie jedoch viel kleinere Tiere und fressen auch Pflanzen. In der Gruppe sind sie einigermaßen vor ihren Feinden geschützt, zum Beispiel Kaimanen.

Größe: bis zu 30 cm
Lebensraum: große Flüsse Südamerikas
Gut zu wissen: Sei vorsichtig bei Gewässern mit trockenzeitbedingtem niedrigem Wasserstand und wenn sich Blut-, Fisch- oder Speisereste darin befinden!

Portugiesische Galeere

Physalis physalis

Wie eine blaue, aufgeblasene Plastiktüte, die auf dem Meer treibt – so sieht die Portugiesische Galeere aus. Unter der Wasseroberfläche jedoch hängen ihre tödlichen Waffen: dicht mit Millionen giftiger Nesselzellen bestückte Tentakel.

Bei der geringsten Berührung schießen die Nesselzellen ihr starkes Gift in den Körper des Beutetiers. Auf diese Weise fängt die Portugiesische Galeere kleine Fische, Krabben und andere Meerestiere. Da sie dort jagt, wo der Wind sie hintreibt, gerät sie immer wieder auch in Küsten- und Badegewässer. Berührt ein Mensch die Tentakel, durchfährt ein furchtbarer Schmerz den ganzen Körper – Lebensgefahr!

Größe: bis zu 20 m lange Tentakel
Lebensraum: Atlantik und Indopazifik
Gut zu wissen: Auch die Nesseln am Strand liegender, toter Portugiesischer Galeeren können noch aktiv sein und dich verletzen.

Riesenassel
Bathynomus giganteus

Die Riesenassel sieht wie eine sehr große helle Kellerassel aus. Sie lebt in der dunklen Tiefsee. Dort ernährt sie sich von toten Walen, Fischen oder Tintenfischen, die von oben herunterfallen.

gruselig

Der harte Rückenpanzer der Riesenassel schützt den weichen Bauch und die zahlreichen Beine. Mit den vorderen Beinen läuft die Assel, die hinteren Beine sehen wie flache Blättchen aus. Daran sitzen die Kiemen, mit denen die Assel atmet. Die Riesenassel sucht den Boden nach Nahrung ab. Doch in der Tiefsee gibt es manchmal wochenlang keine Nahrung. Wie gut, dass die Riesenassel sehr lange hungern kann!

Größe: bis zu 45 cm
Lebensraum: Boden der Tiefsee in bis zu 2000 m Tiefe
Gut zu wissen: Da du die Tiefsee nur mit einem Tauchboot erforschen kannst, ist ein direkter Kontakt mit lebenden Riesenasseln nicht möglich.

Riesenmuräne

Gymnothorax javanicus

Gefahr

Wenn ein Taucher auf der Suche nach einer Languste in eine Felsspalte greift, kann es passieren, dass eine Muräne ihm die Finger abbeißt. Langusten teilen sich gern mit den gefährlichen Muränen eine Wohnhöhle.

Im geöffneten Maul einer Muräne siehst du sofort die feinen spitzen Zähne. Muränen können erstaunlich große Beutetiere verschlingen, wenn sie nachts auf Jagd gehen. Dazu gehören große Fische und Tintenfische. Im Vergleich zu anderen Fischen sehen Muränen ein bisschen wie Schlangen aus. Das liegt daran, dass sie keine seitlichen Kiemenklappen und keine Brustflosse haben.

Größe: bis zu 2,4 m
Lebensraum: tropisch-warme Meere weltweit
Gut zu wissen: Halte Abstand zu Muränen! Füttere sie nicht! Fasse sie nicht an!

Sägerochen

Pristis pectinata

Mit rasanten Rechts-Links-Bewegungen seiner Säge schlitzt der Sägerochen Heringe und andere Schwarmfische auf. Auch Haie, Seekühe und Menschen wurden so schon verletzt.

Gefahr

Die Säge ist ein Teil der Schnauze des Sägerochens. Sie ist auf beiden Seiten mit großen Zähnen besetzt. Neugeborene Sägerochen besitzen eine kleine Säge. Damit sie ihre Mutter bei der Geburt damit nicht verletzen, ist sie jedoch noch weich, biegsam und von einer Schutzhaut umgeben. Die meiste Zeit des Tages wühlen Sägerochen mit ihrer Säge im Bodenschlamm nach Krebsen und Bodenfischen.

Größe: bis zu 7,6 m
Lebensraum: tropische Küsten im Atlantik und Indopazifik
Gut zu wissen: Abstand halten!

Sand-rasselotter

Gefahr

Echis carinatus

Trotz ihrer geringen Größe gilt die Sandrasselotter als die gefährlichste Schlange der Erde! Keine andere Giftschlange beißt und tötet so viele Menschen wie sie. Bei der geringsten Bedrohung greift sie sofort an.

Das Gift der Sandrasselotter schädigt die Blutgefäße, das Blut sowie den Herzmuskel und verursacht innere Blutungen. Wenn Sandrasselottern erregt sind, etwa weil sie sich bedroht fühlen, legen sie ihren Körper in Schlingen. Bei Gefahr reiben sie zusätzlich ihre Schuppen aneinander und erzeugen so ein rasselndes Geräusch. Auf dem heißen Wüstenboden bewegen sie sich seitwärts vorwärts.

67

Größe: bis zu 80 cm

Lebensraum: Wüsten, Halbwüsten und trockene Gebiete, auch in der Nähe von Siedlungen in Nordostafrika, dem Nahen und Mittleren Osten bis Pakistan

Gut zu wissen: Unbedingt fernhalten! Bei rasselndem Geräusch sofort abhauen! Bei jedem Schritt fest auftreten, damit die Schlange dich frühzeitig bemerkt und flieht! Lass dich nach einem Biss so schnell wie möglich mit Antiserum behandeln!

Schleimaal

Myxine glutinosa

Gefahr

Wenn sich der Schleimaal bedroht fühlt, drückt er aus bis zu 100 Hautdrüsen ein zähes Schleimkonzentrat ins Wasser. Daraus wird eine gewaltige, schleimig-klebrige Wolke, in der so mancher Angreifer stecken bleibt und langsam erstickt.

Während der Angreifer mit der schleimigen Masse kämpft, streift der Schleimaal sie mit einer raffinierten Knotenbewegung seines Körpers ab und flieht. Der Schleimaal stammt von einer uralten Wirbeltiergruppe ab: Seine Vorfahren waren sozusagen Vorläufermodelle für die heute lebenden Fische. Meist ist der Schleimaal unauffällig am Meeresgrund unterwegs, wo er kleine Krebse und tote Tiere frisst.

Größe: bis zu 80 cm
Lebensraum: Nordatlantik und westliches Mittelmeer
Gut zu wissen: Nicht reizen, nicht angreifen, nicht bedrohen! Da du aus deinem Körper keinen Knoten machen kannst, hast du schlechte Chancen, dich aus der Schleimwolke zu befreien.

Schnurfüßer

Julus scandinavicus

ekelig

Wie im Horrorfilm: Es gibt Dörfer in Deutschland und Österreich, die jedes Jahr im Herbst von Millionen Schnurfüßern überrannt werden.

Nach Sonnenuntergang besetzen sie Gärten, Mauern, Hauswände, Wege – und verströmen dabei einen ekelerregenden Gestank nach verbranntem Plastik. Ein Dorf in Bayern hat den Schnurfüßern den Kampf angesagt und eine Blechwand um den kleinen Ort herumgebaut. Und nachts bleiben die Laternen aus. Schnurfüßer sind Tausendfüßer. Doch keine der weltweit 80 000 Arten hat tatsächlich 1000 Füße. Schnurfüßer sind wichtige Helfer in Garten und Kompost. Sie sind nachtaktiv und werden vom Licht angelockt.

Größe: heimische Arten zwischen 0,7 und 3,7 cm, eine afrikanische Art wird 30 cm lang

Lebensraum: feuchte Plätze im Falllaub, in Gewächshäusern, unter Rinde oder Steinen

Gut zu wissen: Schnurfüßer rollen sich bei Störung spiralförmig ein und geben an den Körperseiten eine stinkende Flüssigkeit ab, die bei manchen Arten auch giftige Blausäure enthält!

Schrecklicher Giftfrosch

Phyllobates terribilis

Der Schreckliche Giftfrosch ist der giftigste aller Frösche, der giftigste aller Lurche und eines der giftigsten Tiere der Erde. Der Giftcocktail eines einzigen Fröschleins kann 100 Menschen töten!

Die Chocó-Indianer im Regenwald Kolumbiens streichen mit den Spitzen ihrer Blasrohrpfeile einmal über die Haut dieses Frosches – und töten dann sogar große Beutetiere in Sekundenschnelle. Interessanterweise stellen die Frösche das Gift nicht selbst her, sondern nehmen es über die Nahrung, spezielle Käfer, auf. Fressen sie die Käfer nicht, etwa in Gefangenschaft, ist ihre Haut nicht giftig.

Größe: bis zu 5 cm

Lebensraum: kleines Regenwaldgebiet in Kolumbien, in Südamerika gibt es jedoch noch viele andere, meist sehr bunte Pfeilgiftfrösche

Gut zu wissen: Finger weg von allen bunten Fröschen – sie könnten giftig sein! Wenn du ganz sicher gehen willst, fasse überhaupt keine Salamander, Frösche und Kröten an – die Haut vieler Lurche enthält starke Gifte!

Schwarzangler

Melanocetus johnsonii

Vor dem Gesicht des Schwarzanglers baumelt eine leuchtende Laterne. Mit ihr lockt er in der stockfinsteren Tiefsee andere Fische an. Mit einem kräftigen Biss verschwindet die Beute in seinem Bauch.

gruselig

Alle großen Schwarzangler in der Tiefsee sind Weibchen. Die winzig kleinen Männchen müssen in der Dunkelheit mühsam mithilfe ihres Geruchssinns und ihrer großen Augen ein Weibchen suchen. Haben sie eins aufgespürt, beißen sie sich am Weibchenkörper fest und verwachsen mit ihm. Dann bauen die Männchen alle unwichtigen Körperteile – Nase, Augen, Flossen – ab und werden vom Weibchen über einen gemeinsamen Blutkreislauf ernährt.

Größe: Weibchen bis zu 18 cm, Männchen 3 cm

Lebensraum: Tiefsee

Gut zu wissen: Zum Glück bist du kein Tiefseefisch und brauchst nicht zu befürchten, Beute eines Schwarzanglers zu werden. Denn er lebt in über 500 m Tiefe – und dorthin gelangst du höchstens in einem Tauchboot.

Schwarze Katze

Felis silvestris catus

gruselig

Schwarze Katzen galten lange Zeit als Botschafter finsterer Mächte. Viele Menschen glaubten, sie seien Hilfsgeister der Hexen, und verfolgten sie ebenso gnadenlos.

Bevor die Menschen ein Haus bezogen, schickten sie eine schwarze Katze hinein, um böse Geister zu bannen. Außerdem wurden (meist lebendige) schwarze Katzen in die Fundamente von Häusern und Dämmen eingemauert. Sie sollten Unheil von den Gebäuden abhalten. All das wird heute zum Glück nicht mehr gemacht. Trotzdem gibt es immer noch abergläubische Menschen: Wenn ihnen eine schwarze Katze über den Weg läuft, fährt ihnen ein kalter Schauer über den Rücken.

Größe: rund 50 cm
Lebensraum: als Haustier überall auf der Erde
Gut zu wissen: Eine drohende Katze macht einen Buckel und faucht. Halte dich von ihr fern, sie könnte dich blutig kratzen.

Schwarze Witwe

Latrodectus-spec.

Die giftigen Schwarzen Witwen fühlen sich an dunklen, kühlen Orten am wohlsten, also auch in Kellern, Schuppen und unter den Deckeln von Außentoiletten …

Gefahr

Ihren Namen verdankt die kleine Spinne der Tatsache, dass beobachtet wurde, wie Weibchen ihre Männchen nach der Paarung auffressen und sich so selbst zur Witwe machen. Die giftigste Schwarze Witwe lebt in Amerika. Weniger Todesfälle gehen auf das Konto der europäischen Schwarzen Witwe, die im Mittelmeerraum vorkommt. Schwarze Witwen erbeuten große, stark gepanzerte Käfer, die sie mit ihren kurzen kräftigen Beißzangen knacken. Kein Wunder, dass sie die menschliche Haut mühelos durchdringen!

Größe: bis zu 2 cm
Lebensraum: warme Gebiete auf der ganzen Erde
Gut zu wissen: Die Schwarze Witwe wird meist unterschätzt, weil sie sehr klein ist und nur kurze Beißzangen besitzt. Halte Abstand!

Seegurke

ekelig

Thelenota ananas

Wenn Seegurken sich bedroht fühlen, schießen sie aus ihrem Hinterende klebrige, manchmal auch giftige Schleimfäden ab. Auch ihre Gedärme können Seegurken bei Gefahr ausscheiden – sie bilden sich dann wieder neu.

Kaum zu glauben, dass die wie eine Kotwurst aussehende Seegurke mit Seestern und Seeigel verwandt ist! Statt eines Skeletts besitzen Seegurken jedoch einen Hautmuskelschlauch. Je nach Art fressen sie Plankton, das heißt im Wasser schwimmende kleine Teilchen, oder Sediment, also das, was sich auf dem Meeresboden absetzt. Die darin enthaltenen Algen und kleinen Tiere werden verdaut, die Sandpartikel ausgeschieden.

Größe: bis zu 70 cm

Lebensraum: Sand- und Geröllflächen sowie Riffe im Roten Meer und tropischen Indopazifik bis in 40 m Tiefe

Gut zu wissen: Nicht anfassen! Die ausgestoßenen Schläuche bleiben an Taucheranzügen und Taucherbrillen kleben.

Seeigel

(Gefahr)

Strongylocentrotus franciscanus

An felsigen Meeresküsten sind Seeigel für badende Menschen sehr gefährlich. Trittst du in einen Seeigel, bleiben die Spitzen in deinen Füßen stecken und tun bei jedem Schritt weh. Einige Seeigel haben sogar giftige Stacheln.

Seeigel verstecken sich tagsüber in Fels- und Riffspalten. Dabei ragen die Stacheln aus den Verstecken heraus – also Vorsicht! Nachts raspeln die Tiere Algenbeläge von Felsen und Tang-Oberflächen ab. Fische ernähren sich gern von Seeigeln. Sie drehen sie um und öffnen sie von unten. Um sich besser schützen zu können, leben Seeigel in kleinen Gruppen.

Größe: bis zu 19 cm im Durchmesser

Lebensraum: felsige Küsten, Bootsanlegestellen und Hafenmolen an der nordamerikanischen Pazifikküste bis in 90 m Tiefe, es gibt jedoch auch heimische Arten

Gut zu wissen: Nicht anfassen! Die Stacheln der Seeigel durchdringen sogar feste Badeschuhe und Taucheranzüge.

Seeschlange

Hydrophiinae

Seeschlangengifte gehören zu den tödlichsten Giften im ganzen Tier- und Pflanzenreich. Sie lähmen nach und nach die Muskeln, auch die Atem- und Herzmuskulatur.

Tückisch: Der Biss ist fast schmerzlos – und oft merkt man erst 30 Minuten später, wenn die Zunge gelähmt wird, dass man gebissen worden ist. Vor allem Fischer sind gefährdet, denn immer wieder geraten Seeschlangen in ihre Netze. Schon vor vielen Hundert Jahren haben sich Seefahrer vor Seeschlangen gefürchtet. Für sie waren sie ein Zeichen von unwägbaren Gefahren, die in den dunklen Tiefen der Meere lauerten. Seeschlangen sind gefährliche Fischjäger, die sich meist auf ganz wenige Fischarten spezialisiert haben.

Größe: bis zu 2,75 m

Lebensraum: tropisch-warme Küstengewässer

Gut zu wissen: Nach einem Biss in Arme oder Beine sofort das Wasser verlassen. Dann betroffenes Glied mit Druckverband um den Biss und in einiger Entfernung vom Biss ruhig stellen. Notarzt rufen!

Seeteufel
Lophius piscatorius

gruselig

Der Seeteufel ist ein beliebter Speisefisch. Doch weil sein großer Kopf so furchterregend aussieht, landet nur selten ein ganzer Fisch in der Theke der Fischläden.

Dank seiner dunklen Haut mit Knochenstacheln sieht der Seeteufel wie ein Stück Meeresboden aus. So getarnt, lauert er auf seine Beute. Dabei bewegt er einen langen Stachelstrahl vor seinem Maul hin und her. Auf diesen Trick fallen viele Fische herein. Kaum wollen sie nach dem vermeintlichen „Wurm" schnappen, öffnet der Seeteufel sein gewaltiges Maul und saugt die Beute ein.

Größe: bis zu 2 m

Lebensraum: Meeresgrund in der Nordsee, an der europäischen Atlantikküste, im Mittelmeer und Schwarzen Meer

Gut zu wissen: Wenn du in einem Restaurant ein Fischgericht mit dem Namen „Lotte" bestellst, bekommst du einen Seeteufel serviert. Sein Fleisch schmeckt so ähnlich wie Hähnchenfleisch.

Seewolf

Anarhichas lupus

gruselig

Fischer, die einen Seewolf gefangen haben, müssen gut aufpassen: Seewölfe beißen heftig um sich und schnappen mit ihren ultrascharfen Zähnen nach allem, was sich ihrem Gebiss nähert.

Seewölfe sind Einzelgänger. Sie jagen am Boden Krabben, Hummer und Seeigel und fallen über Muscheln her. Die harten Schalen können sie mühelos mit ihren kräftigen Zähnen zerbeißen. Weil sich dabei die Zähne abnutzen, werden sie im Winter stets gegen neue ersetzt. Seewölfe sind auch schmackhafte Speisefische. Auf dem Fischmarkt werden sie meist ohne ihre schaurigen Köpfe angeboten. Dann heißen sie Katfisch, Karbonadenfisch oder Steinbeißer.

Größe: bis zu 1,5 m

Lebensraum: harte, steinige Meeresböden in 20 bis 500 m Tiefe in Nordsee, Nordatlantik und Nordpolarmeer

Gut zu wissen: Seewölfe können Gummistiefel durchbeißen!

Skolopender

Scolopendra cingulata

Gefahr

Der Skolopender kann sich blitzschnell drehen und schmerzhaft zubeißen – mit üblen möglichen Folgen: Lähmungserscheinungen, Übelkeit, Erbrechen, Fieber, Blutvergiftung.

Skolopender verstecken sich tagsüber unter Steinen, in Falllaub oder im Erdreich. Nachts suchen sie nach Insekten, Spinnen oder kleinen Mäusen. Haben sie ein Beutetier entdeckt, stoßen sie wie eine Schlange nach vorn und beißen es mit ihren kräftigen Giftklauen. Damit es nicht fliehen kann, umwickeln die Hundertfüßer es mit ihrem langen Hinterleib, bis es tot ist.

Größe: bis zu 15 cm

Lebensraum: warme, trockene Gebiete in Europa südlich der Alpen

Gut zu wissen: Ähnlich schmerzhaft wie der Skolopender kann der heimische, ähnlich aussehende, aber etwas kürzere Steinkriecher (Lithobius forficatus) zubeißen. Nicht anfassen!

Spanische Fliege

Lytta vesicatoria

Hinter diesem hübschen Käfer verbirgt sich eines der giftigsten Insekten Europas. Schon 0,03 g seines Giftes können einen Menschen töten, etwa wenn man ihn versehentlich verschluckt.

Das wird aber sicherlich niemand tun, denn die Käfer stinken ganz übel, pressen bei Bedrohung gelbe, ekelige Sekrete aus ihren Beingelenken oder würgen Vorverdautes hervor. All diese Körpersäfte führen auf der menschlichen Haut zu Blasen und Entzündungen. Die Weibchen streichen ihre Eier mit dem Gift ein. Gegen welchen Feind dieses Gift gerichtet ist, wissen die Biologen noch nicht: Für Igel, Fledermäuse, Frösche, Vögel und andere Käferliebhaber ist das Gift harmlos.

Größe: bis zu 2 cm

Lebensraum: warme Orte im Gebüsch in Mitteleuropa und rund ums Mittelmeer

Gut zu wissen: Die Spanische Fliege kommt zum Glück sehr selten vor, sodass du diesem giftigen Käfer wahrscheinlich nicht begegnen wirst.

Speikobra

Naja mossambica

Gefahr

2 m weit kann eine Speikobra ihr Gift spucken! Trifft sie dein Gesicht, brennt das Gift schmerzhaft in deinen Augen, und du kannst (vorübergehend) erblinden. Die Speikobra kann aber auch giftig zubeißen.

Fühlt sich eine Speikobra bedroht und kann nicht fliehen, richtet sie ihren Vorderkörper auf. Dann öffnet sie ihr Maul und drückt mit hoher Geschwindigkeit das Gift durch die kleinen Öffnungen ihrer Giftzähne heraus. Den Strahl richtet sie meist auf das Gesicht ihres Gegenübers. Die Speikobra erbeutet kleine Mäuse, Frösche und Vögel, hin und wieder aber auch eine Schlange, sogar derselben Art: Denn sie ist – wie viele andere Schlangen auch – ein Kannibale.

Größe: bis zu 1,3 m

Lebensraum: Halbwüsten und Savannen in Ostafrika, eher sumpfige Gebiete in Ägypten

Gut zu wissen: Speikobras sind meist nachts und am frühen Morgen aktiv. Tagsüber ruhen sie sich im Schatten aus, auch in Häusern.

Stachelschwein

Hystrix cristata

Stacheln wie Pfeile: Sie bleiben schmerzhaft in der Haut des Angreifers stecken. Von dort dringen sie immer tiefer in den Körper ein und verletzen manchmal sogar lebenswichtige Organe. Folge: Tod durch innere Blutungen.

Fühlt sich ein Stachelschwein bedroht, richtet es seine bis zu 40 cm langen Stacheln auf und raschelt damit. Daneben besitzt es noch viele kurze Stacheln, die wie lange Haare aussehen. Nur auf dem Kopf tragen Stachelschweine ein normales Fell. Weil die Stacheln nur ganz locker in der Haut sitzen, brechen sie bei der geringsten Berührung ab. Halte Abstand, sonst bekommst du eine Ladung Stacheln ab!

Größe: bis zu 93 cm
Lebensraum: Savanne mit Büschen und Bäumen in Afrika
Gut zu wissen: Du bekommst die Stacheln nur schwer wieder heraus. Desinfiziere die Wunde und suche einen Arzt auf, der die Stacheln herausoperiert.

Steinfisch

Synanceia verrucosa

Gefahr

Flaches Wasser an einem tropischen Strand – wer möchte dort nicht baden gehen? Doch Vorsicht! Stell dich niemals auf mit Algen bewachsene Steine – es könnte ein Steinfisch sein! Sein Stich schmerzt unerträglich und kann tödlich sein.

Bewegungslos liegt der bestens getarnte Steinfisch monatelang auf dem sandigen Meeresboden. Wenn ein Fisch, eine Garnele oder eine Krabbe vorbeikommt, reißt der Steinfisch blitzschnell sein riesiges Maul auf und saugt das Opfer ein. Fühlt sich der Steinfisch bedroht, richtet er seine tödlich giftigen Rückenstacheln auf. Vorsicht: Sie können Strandschuhe und Flossen durchdringen!

Größe: bis zu 38 cm

Lebensraum: Sand- und Geröllflächen im Riff im Roten Meer, Indischen Ozean und westlichen Pazifik, auch flaches Wasser

Gut zu wissen: Bevor du deine Füße auf den Meeresboden stellst, sieh ihn dir mit einer Taucherbrille genau an! Nach einem Stich sofort Wasser verlassen, Notarzt rufen!

Streifenskunk

Mephitis mephitis

ekelig

Skunks heißen auch Stinktiere, weil sie aus ihrem Hinterteil eine unglaublich stinkende Flüssigkeit abschießen können. Den Gestank nach faulen Eiern kannst du bis in 3 km Entfernung riechen!

Wenn sich ein Skunk bedroht fühlt, warnt er seinen vermeintlichen Gegner: Er stellt Schwanz und Haare auf und trommelt heftig mit den Vorderbeinen. Wenn beides nichts hilft, dreht er dem Gegner sein Hinterteil zu und schießt: Bis zu 3,6 m weit kann der Skunk spritzen. Meist zielt er auf das Gesicht! Die stinkende Brühe macht kurzzeitig blind und, wenn der Gegner etwas davon verschluckt, auch bewusstlos.

Größe: bis zu 38 cm plus 25 cm Schwanz

Lebensraum: Wälder und Grasland in Nordamerika

Gut zu wissen: Nimm die Drohgebärden ernst und ziehe dich langsam zurück. Komme dem Skunk niemals näher als 5 m, damit dich seine ekelige Flüssigkeit nicht treffen kann. Selbst beim Waschen mit Seife geht der Gestank nicht weg.

Sydney-Trichterspinne

Atrax robustus

Sie lebt gern in der Nähe von Menschen, greift sie jedoch bei der kleinsten Bedrohung sofort an. Die Sydney-Trichterspinne ist eine der gefährlichsten Spinnen der Welt. Ihr Gift kann einen Menschen innerhalb von 15 Minuten töten.

Gefahr

Die Weibchen sind größer als die Männchen. Sie verbringen die meiste Zeit in ihrem Nest, einer trichterförmigen Röhre, die sie aus Spinnseide in hohlen Bäumen, unter Steinen oder im Müll anlegen. Die kleineren Männchen streifen auf der Suche nach paarungsbereiten Weibchen und Beute umher. Sydney-Trichterspinnen lauern vor allem Insekten auf, erbeuten aber auch Mäuse, kleine Vögel und Echsen.

Größe: bis zu 6 cm
Lebensraum: offene Wälder, Schuppen und Ställe im Südosten Australiens
Gut zu wissen: Nach einem Biss sofort zum Arzt und Gegengift verabreichen lassen!

Tasmanischer Teufel (gruselig)

Sarcophilus harrisii

Der Tasmanische Teufel scheint wirklich ein Teufel zu sein: Wenn er sich aufregt, verströmt er einen stinkenden Geruch, und seine Ohren werden rot. Außerdem kann er laut kreischen und verteidigt seine Beute äußerst aggressiv.

Er ist das größte Raubtier unter den Beuteltieren, das es heute noch gibt. Tagsüber schläft der Beutelteufel in einem Versteck, erst bei Dämmerungsbeginn streift er auf der Suche nach Nahrung umher oder geht auf die Jagd. Tasmanische Teufel sind Einzelgänger. In ihrem Lebensraum spielen sie eine ähnliche Rolle wie die im südlichen Afrika lebenden Hyänen: Sie fressen tote Tiere und verhindern so, dass sich Krankheiten ausbreiten.

Größe: bis zu 65 cm
Lebensraum: Tasmanien, eine kleine Insel im Süden Australiens
Gut zu wissen: Der Tasmanische Teufel greift normalerweise keine Menschen an, verteidigt sich aber mit kräftigen Bissen, wenn er sich bedroht fühlt. Für kleine Kinder kann er gefährlich werden.

Texas-Klapperschlange

Crotalus atrox

(Gefahr)

Unter den rund 30 Klapperschlangenarten ist die Texas-Klapperschlange die gefährlichste: Jedes Jahr sterben etwa zehn Menschen an ihren Bissen, die unbehandelt tödlich sein können.

Die Texas-Klapperschlange ist ein effektiver Mäuse-, Echsen- und Vogeljäger. Bewegungslos lauert sie ihrer Beute auf. Dabei nimmt sie die Körperwärme der Tiere mit speziellen Organen an ihrem Kopf wahr – auch dich. Das Klapperschlangengift ist so stark, dass es die Beute innerhalb von Sekunden tötet. Fühlt sich die Klapperschlange bedroht, klappert sie warnend mit ihrer Rassel am Schwanzende.

87

Größe: bis zu 2 m
Lebensraum: trockene Wälder, Wüsten und Prärien im Südwesten der USA und in Nordmexiko
Gut zu wissen: Warnendes Rasseln ernst nehmen und auf der Stelle fliehen. Nach einem Biss sofort betroffenes Körperteil ruhig stellen, Notarzt rufen. Bissstelle nicht abbinden, nicht aussaugen!

Texas-Krötenechse

Phrynosoma cornutum

Wenn sich die Texas-Krötenechse von Kojoten, Füchsen, Hunden oder von dir lebensbedrohlich angegriffen fühlt, setzt sie eine üble Waffe ein: Sie spritzt mit Blut aus ihren Augen um sich.

Wird die Krötenechse von einer Schlange oder einem Vogel angegriffen, wählt sie eine andere, blutsparende Methode: Sie bläst sich auf und sieht dann furchterregend aus. Befindet sie sich zu diesem Zeitpunkt allerdings schon im Maul oder Schnabel des Angreifers, hat das für den eine schreckliche Wirkung: Denn die Dornen der Echse können die Kehle des Angreifers durchstechen. Dabei ist die Krötenechse ganz harmlos: Sie verspeist lediglich Ameisen.

Größe: bis zu 14 cm

Lebensraum: trockene Gebiete im Süden der USA und in Mexiko

Gut zu wissen: Bedrohe sie nicht, sonst bekommst du eine Ladung Blut ab – und das schmeckt scheußlich!

Tiger

Panthera tigris

Tiger sind ungemein stark: Sie erlegen fast nur Beutetiere, die größer sind als sie selbst. Die überfallen sie aus dem Hinterhalt und töten sie durch einen Biss ins Genick oder ersticken sie.

Gefahr

Tiger leben im Verborgenen und allein. Sowohl die Männchen als auch die Weibchen besetzen ein riesiges Revier, das sie scharf gegen gleichgeschlechtliche Artgenossen verteidigen. Damit es nicht zu fürchterlichen Kämpfen mit tödlichem Ausgang kommt, markieren Tiger ihr Revier für andere Tiger mit deutlich wahrnehmbaren Kratz- und Duftmarken. Obwohl Tiger vom Aussterben bedroht und daher streng geschützt sind, werden sie immer noch gejagt.

Größe: bis zu 2 m

Lebensraum: Wald- und Schilfgebiete in Indien, Südostasien, China und Südostrussland

Gut zu wissen: In den Mangroven-Wäldern im Ganges-Delta werden regelmäßig Menschen von Tigern erbeutet. Also vor allem hier sehr vorsichtig sein!

Tokee

Gekko gecko

gruselig

Trotz seines Gewichts von bis zu drei Schokoladentafeln kann der Tokee problemlos an einer glatten Fensterscheibe laufen. Das liegt an seinen speziellen Füßen mit den ultrafeinen Haftlamellen.

Laut schallt sein „to-kee"-Ruf, der weit zu hören ist, durch den Wald. Schon Jungtiere können sehr laut rufen. Tagsüber verbirgt sich der Tokee in Spalten und Ritzen. Erst nachts geht er auf Spinnen- und Insektenjagd. Mit seinen kräftigen Kiefern kann er fest zubeißen – etwa wenn Schlangen oder Menschen ihn bedrohen. Das Weibchen legt bis zu fünf Mal im Jahr jeweils zwei Eier und bewacht sowohl das Gelege als auch die Jungtiere.

Größe: bis zu 40 cm lang

Lebensraum: Bäume im tropischen Regenwald, auch alte Mauern und Gebäude in Südostasien

Gut zu wissen: Nicht anfassen, der Tokee kann kräftig zubeißen.

Treiberameise

Dorylus spec.

Nichts und niemand ist vor dieser tödlichen Armee sicher: 500 000 und mehr Treiberameisen ziehen in einer langen, bis zu 20 m breiten Kolonne durch die Landschaft und erbeuten täglich 100 000 Tiere. Sie dringen auch in Häuser ein.

Mit ihren rasiermesserscharfen Oberkiefern greifen sie Käfer, Spinnen, Heuschrecken und Skorpione an und fallen über alles her, was nicht davonlaufen kann: eingezäunte Hühner, angebundene Ziegen, auch Babys und Kleinkinder. Soldatinnen bewachen das Schlachtfeld und fangen flüchtende Tiere ein, während die Arbeiterinnen das Töten, Zerstückeln und Abtransportieren der Beutestücke zum mobilen Biwak übernehmen. So heißt das aus Ameisen gebildete Nest.

Größe: bis zu 1,5 cm
Lebensraum: tropische/subtropische Gebiete Afrikas und Asien
Gut zu wissen: Abhauen! Nicht näher als 200 m an das Nest herankommen, es wird aggressiv verteidigt.

Tumbufliege

Cordylobia anthropophaga

ekelig

Die Tumbufliege legt ihre Eier auf Wäschestücke, die zum Trocknen auf dem Boden ausgebreitet sind. Wenn ein Mensch die Wäsche anzieht, schlüpfen die Larven aus den Eiern und dringen in die Haut ein …

Dort verursachen sie eine Beule, in der sie in den nächsten zehn Tagen heranwachsen. In der Mitte der Beule ist ein kleines Loch, durch das die Larven atmen. Wenn sie mit einer Länge von 1 bis 1,5 cm ausgewachsen sind, verlassen sie die Beule durch das Luftloch und verpuppen sich im Boden. Drei Wochen später schlüpfen fertige Tumbufliegen, die wiederum ihre Eier auf Wäsche legen.

Größe: bis zu 1,5 cm

Lebensraum: Afrika südlich der Sahara

Gut zu wissen: Zum Glück sind die Larven harmlos. Ziehe sie mit einer Pinzette aus der Beule. Oder lege einen Speckstreifen auf die Beule, dann kriechen die Larven heraus und fressen am Speck, den du dann einfach wegwirfst.

Vampirfledermaus

Desmodus rotundus

Gefahr

Vampire gibt es tatsächlich! Jede Nacht brauchen sie eine Blutmahlzeit. Mit ihren rasiermesserscharfen Zähnen beißen sie nicht nur Rinder und andere Tiere, sondern auch Menschen. Dabei können sie gefährliche Krankheiten übertragen.

Lautlos pirscht sich der Vampir an eine weiche Hautstelle heran, leckt die Haut ab, schnappt sich eine Falte, beißt ruckartig zu und trinkt. Nach acht bis zehn Minuten ist er satt. Der Blutverlust, etwa 20 bis 40 ml, ist für das gebissene Tier nicht schlimm. Gefährlich sind die Krankheiten, die die Fledermaus übertragen kann, zum Beispiel Tollwut. Jedes Jahr sterben allein in Brasilien bis zu 20 Menschen an Tollwut nach einem Vampirbiss.

Größe: bis zu 9 cm lang

Lebensraum: nur in Süd- und Mittelamerika, häufig in der Nähe von Rinderfarmen und Viehweiden

Gut zu wissen: Wenn du morgens Blut und Vampir-Urin in deinem Bett findest, bist du wahrscheinlich gebissen worden – lass dich sofort gegen Tollwut impfen!

Vielfraß

Gulo gulo

Im Verhältnis zu seiner Körpergröße ist der Vielfraß das stärkste Säugetier der Welt. Erfolgreich greift er Tiere an, die viel größer sind als er. Manchmal dringt er auch in einsame Blockhäuser ein …

… und knackt dort mit seinen großen Zähnen Konservendosen. Der Vielfraß ist ein Marder. Weil seine Pfoten nicht im Schnee einsinken, schafft er es, im Winter Elche und Rentiere zu fangen. Im Sommer frisst er hauptsächlich Jungtiere, Aas (= tote Tiere), Vogeleier, Beeren und Pflanzenteile. Dennoch machen Bären, Wölfe und Pumas einen großen Bogen um den mutigen Vielfraß, der ihnen hin und wieder Nahrung abluchst.

Größe: bis zu 85 cm plus bis zu 26 cm langer Schwanz

Lebensraum: Nadelwälder, Taiga, Tundra rund um den Nordpol, Rocky Mountains, Nordamerika

Gut zu wissen: Sehr gefährlich, besonders im Winter! Sehr schnell, sehr kräftig, sehr mutig! Sofort abhauen! Achtung: Der Vielfraß kann gut schwimmen und auf Bäume klettern!

Viperfisch

Chauliodus sloani

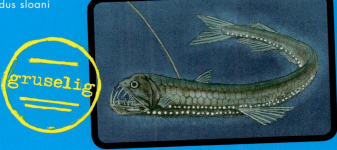

gruselig

Gänsehaut garantiert: Die fiesen Fangzähne des Viperfischs sind so lang, dass er sein Maul nicht schließen kann. Hat er ein Beutetier gepackt, spießen es seine Zähne wie lange Dolche auf.

Um ein Tier zu ergreifen, muss der Viperfisch sein Maul sehr weit öffnen. Das gelingt ihm nur, wenn er seinen Kopf weit in den Nacken legt. Zum Verschlucken großer Tiere hängt der Viperfisch wie eine Schlange den Unterkiefer aus. Auf seinem Körper befinden sich viele kleine Leuchtorgane. Ihr Licht lockt mögliche Beutetiere in der finsteren Tiefsee an.

Größe: bis zu 35 cm
Lebensraum: Tiefsee zwischen 400 und 1800 m
Gut zu wissen: Einem Viperfisch wirst du nur dann begegnen, wenn du die Tiefsee mit einem Tauchboot erforschst.

Vogelspinne

Poecilotheria metallica

Die größten Vogelspinnen besitzen bis zu 12 cm lange Körper, wiegen so viel wie zwei Tafeln Schokolade und passen mit ihren langen, haarigen Beinen gerade so auf einen Pizzateller.

gruselig

Auch in Mittelmeerländern gibt es Vogelspinnen, die jedoch nur bis zu 5 cm groß werden. Alle Vogelspinnen verstecken sich tagsüber unter Steinen oder in kleinen Erdhöhlen, die sie dicht mit Spinnseide ausgekleidet haben. Dort lauern sie auf ihre Beute. Dazu gehören Heuschrecken, Käfer und andere größere Insekten, es werden jedoch auch Eidechsen, junge Mäuse und kleine Vögel erbeutet. Nachts streifen Vogelspinnen gern umher. Einige Arten leben auf Bäumen, sie können gut klettern.

Größe: zwischen 5 und 12 cm (ohne Beine)

Lebensraum: alle warmen Gebiete der Erde

Gut zu wissen: Vogelspinnen sind recht friedlich, können sogar zahm werden. Ihr Biss ist zwar schmerzhaft, aber ungefährlich. Bissstelle gut desinfizieren, damit sie sich nicht entzündet.

Walzenspinne

Solifugae

Gefahr

Bezogen auf ihre Körpergröße, besitzen Walzenspinnen die kräftigsten Kiefer der Erde. Nachts jagen sie im wilden Zickzacklauf Tiere bis Mausgröße. Haben sie eins gepackt, zerschneiden sie es und fressen es dann auf.

Typisch für Walzenspinnen sind ihre helle Farbe, ihr lang gestreckter Körper und ihre sehr großen scherenförmigen Scherenkieferklauen. Tagsüber verstecken sich Walzenspinnen an kühlen Orten, zum Beispiel im Schatten von Menschen. Fühlt sich eine Walzenspinne bedroht, beißt sie schmerzhaft zu. Ihr Biss hinterlässt tiefe Wunden, die stark bluten.

Größe: bis zu 15 cm
Lebensraum: trockene, warme Gebiete in Spanien und Griechenland, Westasien, Nordamerika und Tropen weltweit
Gut zu wissen: Nicht anfassen! Walzenspinnen sind sehr aggressiv und beißen rasch zu.

Wanderratte

Gefahr

Rattus norvegicus

Mit den Handelsschiffen der europäischen Seefahrer gelangten die Wanderratten aus Südostasien in die ganze Welt. Mit ihren Flöhen brachten sie die tödliche Pest zu den Menschen. Bis heute haben Ratten einen schlechten Ruf.

Obwohl sie überall in der Natur leben könnten, siedeln sie hauptsächlich in Dörfern und Städten. Als Allesfresser bewohnen sie Müllhalden, Abwasserkanäle, Kellerräume und die Uferregionen städtischer Gewässer. Ratten lernen schnell, zum Beispiel wie sie die immer neuen Bekämpfungsmaßnahmen überleben. Außerdem finden sie sich sogar noch nach vielen Jahren in verwinkelten Kanalsystemen zurecht, selbst wenn sie dort nur einmal durchgelaufen sind.

Größe: bis zu 30 cm
Lebensraum: die ganze Welt
Gut zu wissen: Eigentlich sind Ratten scheu. Sind sie es nicht, könnten sie mit der tödlichen Tollwut infiziert sein. Halte dich fern!

Wasserskorpion

Nepa rubra

Der Wasserskorpion kann schmerzhaft stechen – jedoch nicht mit dem langen stachelartigen Anhang an seinem Hinterleib, sondern mit dem kurzen Stechrüssel an seinem Kopf.

ekelig

Regungslos verharrt der Wasserskorpion im Bodenschlamm oder zwischen Wasserpflanzen versteckt. Nur die beiden kräftigen Vorderbeine hat er weit ausgebreitet. Nähert sich eine Kaulquappe oder ein kleiner Fisch, klappen die Vorderbeine blitzartig zusammen und ergreifen das Opfer wie ein Klappmesser. Dann sticht der Wasserskorpion mit seinem Stechrüssel in die Beute und saugt sie aus. Der „Stachel" am Hinterleib ist das Atemrohr des Wasserskorpions.

Größe: bis zu 2,5 cm
Lebensraum: flache Uferwasser von Teichen, Weihern, Seen und langsam fließenden Gewässern in Europa, Nordafrika und Nordasien
Gut zu wissen: Der Wasserskorpion ist kein Skorpion, sondern eine Wanze, ein Insekt.

Weißer Hai

Gefahr

Carcharodon carcharias

Messerscharf sind die großen dreieckigen Zähne, die der Weiße Hai in seinem Maul trägt. Bei der geringsten Berührung können sie die Haut aufschlitzen und zu lebensbedrohlichen Verletzungen führen.

Zum Glück gehören Menschen nicht zum Beuteschema dieses größten Raubfisches der Erde. Weiße Haie jagen Robben, Fische, Delfine und andere Haie. Haben sie ein Beutetier erspäht, tauchen sie hinab, schießen dann nach oben und packen das Tier mit einem Biss. Manchmal lässt sich ein Weißer Hai auch von planschenden Menschen anlocken. Meist verschwindet er aber, bevor er von den Menschen bemerkt wird.

Größe: bis zu 8 m

Lebensraum: alle gemäßigten bis tropischen Küstenmeere der Erde, auch Mittelmeer

Gut zu wissen: Bemerkst du einen Hai, stelle dich senkrecht im Wasser auf und bewege dich nicht. Wenn ein Hai um dich kreist, verfolge ihn mit deinen Augen. Weltweit sterben jährlich etwa fünf Menschen durch Haibisse, gefressen wurde noch keiner!

Wildschwein (Gefahr)

Sus scrofa

Wenn du im Frühling durch einen Wald gehst – sei auf der Hut. Denn jetzt haben die Wildschweine Junge, die sie aggressiv verteidigen.

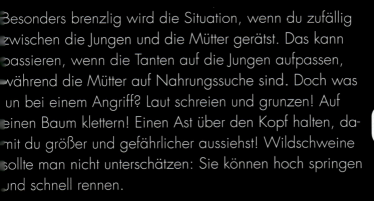

Besonders brenzlig wird die Situation, wenn du zufällig zwischen die Jungen und die Mütter gerätst. Das kann passieren, wenn die Tanten auf die Jungen aufpassen, während die Mütter auf Nahrungssuche sind. Doch was tun bei einem Angriff? Laut schreien und grunzen! Auf einen Baum klettern! Einen Ast über den Kopf halten, damit du größer und gefährlicher aussiehst! Wildschweine sollte man nicht unterschätzen: Sie können hoch springen und schnell rennen.

Größe: bis zu 1,8 m

Lebensraum: Wälder und angrenzende Wiesen, Felder und Siedlungen sowie Sumpfgebiete in Europa, Nordafrika und Asien, eingeführt im östlichen Nordamerika und in Teilen Australiens

Gut zu wissen: Da Wildschweine gut hören und riechen können, nehmen sie dich wahr, bevor du sie siehst.

Wolf

gruselig

Canis lupus

Heulende Wölfe kann man bis zu 10 km weit hören. Mit ihrem unheimlich klingenden Geheul stimmen sie sich auf die gemeinsame Jagd auf Rehe und andere Beutetiere ein.

Dabei hat jeder Wolf eine bestimmte Aufgabe: Einer kann gut Spuren lesen, ein anderer ist besonders schnell und kann das Beutetier überwältigen. Dennoch ist nur eine von zehn Jagden erfolgreich. Wölfe sind sehr intelligente Tiere, die sowohl in heißen Wüsten als auch in dunklen Wäldern zurechtkommen. Aus reiner Furcht davor, dass Wölfe Schafe und andere Nutztiere angreifen könnten, sind sie vom Menschen ausgerottet worden – grundlos.

Größe: bis zu 50 cm hoch

Lebensraum: die ganze Nordhalbkugel, wurden aber in vielen Gebieten ausgerottet

Gut zu wissen: Wölfe sind sehr scheu. Wenn du dennoch einem begegnest, mach dich groß, bleibe ruhig und rede laut!

Würfelqualle

Chironex fleckeri

So harmlos sieht das giftigste Tier der Welt aus! Eine Berührung tut sehr weh und kann einen Menschen innerhalb weniger Minuten töten. Denn das Gift der Nesselzellen greift direkt die Herzmuskulatur an.

Gefahr

Würfelquallen, auch Seewespen genannt, schwimmen meist knapp unter der Wasseroberfläche. Tückisch: Oft werden sie mit treibenden Plastiktüten verwechselt. Die Qualle mit dem würfelförmigen Schirm setzt ihr Gift ein, um Beutetiere, zum Beispiel Garnelen und kleine Fische, zu töten. Es wirkt so schnell, dass die Tiere keine Chance haben zu entkommen. Würfelquallen können schnell schwimmen und sehr gut sehen.

Größe: bis zu 9 m
Lebensraum: tropisch-warme Gewässer an den Küsten Australiens
Gut zu wissen: Halte dich auch von an den Strand gespülten oder toten Quallen fern! Manchmal treiben abgerissene Tentakel im Meer, die ebenso giftig sind! Zum Schutz Tauchanzug und Damenstrumpfhosen (Kopf) anziehen und Handschuhe tragen!

Wüstenheuschrecke

Schistocerca gregaria

gruselig

Sie verdunkeln den Himmel und hinterlassen eine Schneise der Verwüstung: Wüstenheuschrecken gehören zu den am meisten gefürchteten Insekten Afrikas.

Mehrere Generationen lang lebt die Wüstenheuschrecke die meiste Zeit allein in einem bestimmten Gebiet. Fressen und für Nachwuchs sorgen bestimmen ihren Alltag in dieser sesshaften, friedlichen Phase. Wenn die Lebensbedingungen besonders gut sind, vermehren sich die Wüstenheuschrecken jedoch sehr stark. Irgendwann sind es so viele, dass sie nicht mehr genug Platz haben. Dann versammeln sie sich und starten ihren vernichtenden Feldzug: Bäume, Sträucher, Felder – alles fressen die Heuschrecken kahl.

Größe: bis zu 6 cm

Lebensraum: offene, baum- und buschbestandene Savannen und Steppen in Südeuropa, Nordafrika, Arabien und Indien

Gut zu wissen: Wissenschaftler arbeiten an verschiedenen Bekämpfungsmitteln. Wichtig ist, dass die Mittel die natürlichen Feinde der Heuschrecken, zum Beispiel Vögel, nicht gefährden.

Wüstenteufel

Moloch horridus

gruselig

Der Wüstenteufel sieht wie ein schreckliches Urzeitmonster aus. Wie gut, dass er für Menschen harmlos ist und du ihn auf deinem Arm spazieren gehen lassen könntest! Termiten und Ameisen dagegen müssen sich vor ihm in Acht nehmen.

Für sie ist er ein gefährlicher Feind, der bei einer einzigen Mahlzeit bis zu 1000 Tiere frisst. Damit Greifvögel und Schlangen den Wüstenteufel nicht erbeuten können, ist sein Körper mit langen Stacheln besetzt. Und noch etwas macht den Wüstenteufel bemerkenswert: Seine Haut hat feine Rillen, in denen das Wasser aus Nebel und Morgentau direkt zum Mund fließt.

Größe: bis zu 20 cm
Lebensraum: Steppe und trockene Buschwüste in Australien
Gut zu wissen: Dem Wüstenteufel kannst du nur morgens und nachmittags begegnen. Mittags ruht er im Schatten.

Zecke

ekelig

Ixodes ricinus

Auch du gehörst ins Beuteschema dieses kleinen Blutsaugers: Tagelang zapft eine Zecke dir unbemerkt Blut ab und überträgt dabei möglicherweise gefährliche Krankheiten.

Zecken zählen zu den Spinnentieren. Sie lauern auf Gräsern und im Gebüsch. Wenn ein Säugetier sie streift, krabbelt die Zecke schnell auf den Körper und begibt sich dort auf die Suche nach einer weichen Hautstelle, etwa in den Kniebeugen, zwischen den Beinen oder in den Ellenbogen. Dann schiebt sie ihre Mundwerkzeuge tief in die Haut und saugt Blut. Dabei wird ihr Körper immer dicker. Wenn sie satt ist, lässt sie sich fallen.

Größe: etwa 4 mm, vollgesogen über 1 cm

Lebensraum: feuchte Wälder mit üppiger Kraut- und Strauchschicht, Waldränder, feuchte Wiesen und Gärten in Mitteleuropa

Gut zu wissen: Lass deinen Körper nach einem Tag in der Natur gründlich nach Zecken absuchen! Zum Entfernen der Blutsauger eine Zeckenkarte aus der Apotheke verwenden! Hautstelle weiter beobachten, evt. zum Arzt!

Zitteraal

Electrophorus electricus

Gefahr

Der Zitteraal ist eine lebendige Batterie. Bis zu 600 Volt Spannung erzeugt ein einziger Zitteraal – ausreichend, um einen Menschen bewusstlos zu machen, was im Wasser besonders gefährlich ist (Ertrinken!).

Der ganze Körper des Zitteraals ist elektrisch geladen – mit dem positiven Pol am Kopf, dem negativen am Schwanzende. So ist dieser nachtaktive Fisch ständig von einem gleichmäßigen elektrischen Feld umgeben. Mit dieser Spannung betäubt oder tötet er Fische und Frösche bei der Jagd. Auch für die Verständigung mit seinen Artgenossen nutzt der Zitteraal Stromschläge. Kein Wunder, dass er nur ganz kleine Augen braucht, die ihm nachts im schlammigen Wasser sowieso wenig nutzen.

Größe: bis zu 2,8 m
Lebensraum: schlammige Flüsse Südamerikas
Gut zu wissen: Halte dich fern von Gewässern, in denen der Zitteraal lebt.

Fotonachweis

Seite 4: www.istockphoto.de/cdascher
Seite 5: www.fotolia.de/Juergen Rudorf
Seite 7: www.fotolia.de/TMAX
Seite 8: www.istockphoto.de/JohnCarnemolla
Seite 9: www.digitalstock.de/H. Schindeldecker
Seite 10: www.fotolia.de/Fujiphil
Seite 12: www.istockphoto.de/animatedfunk
Seite 13: www.istockphoto.de/Serge_Vero
Seite 14: www.istockphoto.de/Tammy616
Seite 15: www.istockphoto.de/Photocrea
Seite 17: João P. Burini
Seite 18: www.fotolia.de/dues1980
Seite 21: www.digitalstock.de/A. Bähtz
Seite 22: www.digitalstock.de/E. Vierhaus
Seite 23: www.istockphoto.de/AtlasImages
Seite 25: www.istockphoto.de/BeholdingEye
Seite 26: www.fotolia.de/WildPix
Seite 27: www.shutterstock.de/Gail Johnson
Seite 28: www.istockphoto.de/JohnPitcher
Seite 31: www.istockphoto.de/ebettini
Seite 32: www.fotolia.de/kameramann
Seite 33: www.istockphoto.de/Andyworks
Seite 35: www.istockphoto.de/cdascher
Seite 36: Arne Hodali
Seite 37: www.fotolia.de/ChriSes
Seite 39: www.fotolia.de/photo4emotion
Seite 40: www.fotonatur.de/Holger Duty
Seite 41: www.fotolia.de/stefanie van der vin
Seite 42: www.istockphoto.de/allianoi
Seite 43: www.istockphoto.de/RapidEye
Seite 44: www.fotolia.de/Klaus Eppele
Seite 45: www.istockphoto.de/LPETTET
Seite 46: www.istockphoto.de/Windzepher
Seite 47: Tnarg 12345 at en.wikipedia
Seite 48: www.fotonatur.de/Sönke Morsch
Seite 51: www.istockphoto.de/pius99
Seite 52: www.istockphoto.de/KevinDyer
Seite 54: www.fotolia.de/Frank
Seite 55: www.fotolia.de/Andreas
Seite 56: www.fotolia.de/RICO
Seite 57: www.digitalstock.de/G. Engel
Seite 59: www.istockphoto.de/rexlis
Seite 60: www.istockphoto.de/twphotos
Seite 61: www.digitalstock.de/D. Möbus
Seite 62: www.fotolia.de/guentermanaus
Seite 63: www.istockphoto.de/gingercprice

Seite 64: friend of UserBrogx
Seite 65: www.fotolia.de/Juergen Rudorf
Seite 69: Marshman
Seite 70: www.digitalstock/D. Ehrhardt
Seite 72: www.fotolia.de/Rolandst
Seite 73: www.istockphoto.de/DavidOrr
Seite 74: www.istockphoto.de/RainervonBrandis
Seite 75: www.fotolia.de/naturediver
Seite 76: www.fotolia.de/Taucherfreund
Seite 77: www.fotonatur.de/Sven Gust
Seite 78: www.fotonatur.de/Sven Gust
Seite 79: Thorsten Stegmann
Seite 81: www.fotolia.de/fotandy
Seite 82: www.istockphoto.de/GlobalP
Seite 83: www.istockphoto.de/JodiJacobson
Seite 84: www.istockphoto.de/Coleman515
Seite 86: www.istockphoto.de/Redzaal
Seite 87: www.fotolia.de/Steve Byland
Seite 89: www.fotolia.de/TMAX
Seite 90: www.fotolia.de/Joachim Neumann
Seite 96: www.fotolia.de/GlobalP
Seite 97: www.istockphoto.de/Atelopus
Seite 98: Reinhard-Tierfoto
Seite 100: www.istockphoto.de/tswinner
Seite 101: www.fotonatur.de/Steffen Schellhorn
Seite 102: www.fotonatur.de/Tanja Askani
Seite 104: www.fotonatur.de/Steffen Schellhorn
Seite 105: www.istockphoto.de/JanelleLugge
Seite 106: www.fotolia.de/Carsten Stolze
Seite 107: Reinhard-Tierfoto
Seite 109: www.fotolia.de/WildPix